CB080964

Episteme 8

Jean-François Bert

PENSAR COM MICHEL FOUCAULT

Tradução
Marcos Marcionilo

parábola

Título original:
Introduction à Michel Foucault
© La Découverte, 2011
9bis, rue Abel-Hovelacque, 75013 Paris, França
ISBN: 978-2-7071-5585-6

Edição brasileira
Capa: Andréia Custódio
Editoração: Geminy Comunicações
Revisão: Karina Mota
Tradução: Marcos Marcionilo

CIP-BRASIL. CATALOGAÇÃO NA FONTE
SINDICATO NACIONAL DOS EDITORES DE LIVROS, RJ

B455p

Bert, Jean-François
Pensar com Michel Foucault / Jean-François Bert; tradução Marcos Marcionilo. – São Paulo, SP : Parábola, 2013. 18 cm. (Episteme)

Tradução de: Introduction à Michel Foucault
Inclui bibliografia e índice
ISBN 978-85-7934-065-9

1. Foucault, Michel, 1926-1984. 2. Filosofia francesa. I. Título. II. Série.

13-1672. CDD 194
CDU 1(44)

14.03.13 20.03.13 043560

Direitos reservados à
Parábola Editorial
Rua Dr. Mário Vicente, 394 - Ipiranga
04270-000 São Paulo, SP
pabx: [11] 5061-9262 | 5061-8075 | fax: [11] 2589-9263
home page: www.parabolaeditorial.com.br
e-mail: parabola@parabolaeditorial.com.br

ISBN: 978-85-7934-065-9

Sumário

Introdução

A obra de Michel Foucault (1926-1984) não foi facilmente introduzida nas ciências humanas e nas ciências sociais. A constatação, feita por Pierre Lascoumes no início dos anos 1990, ainda é válida:

> Observamos a utilização de procedimentos e de conceitos foucaultianos em trabalhos de ciências humanas de todas as espécies: história, sociologia, ciências da educação, urbanismo, direito etc., trabalhos que provocam na maior parte dos filósofos próximos a Foucault um olhar, no mínimo, condescendente [Lascoumes, 1993: 35]*.

* As referências entre colchetes remetem à bibliografia ao final deste volume. E as referências às obras de Foucault citadas nesta edição foram todas traduzidas das edições originais francesas, apesar de citarmos os títulos das obras em português, dado que todas elas existem em edição brasileira [n. do T.].

Publicações recentes reforçaram a ideia de um Foucault estritamente filósofo, que, durante toda a sua vida, teria dialogado com a tradição filosófica mais clássica [Han, 1998; Fimiani, 1998; Kelkel, 1985; Gros & Lévy, 2003]. Que acontece, então, quando decidimos ler Foucault externamente às grandes referências filosóficas? Isso traz à tona vínculos mais profundos com as ciências sociais, que são mais que fortuitos ou circunstanciais.

A "caixa de ferramentas" foucaultiana [Foucault, 1975, nº 151, p. 720], que permite refletir sobre a questão central da atualidade interrogando-se, seguindo a reflexão kantiana, sobre aquilo que estamos em vias de nos tornar hoje, se operacionaliza, no setor das ciências humanas e sociais, em torno de vários legados importantes: a exploração de novos objetos (loucura, medicina, sexualidade); a contestação de recortes disciplinares clássicos (filosofia e história; filosofia e literatura etc.); o questionamento da evidência de nossas práticas e de nossos saberes; a valorização da fala dos dominados e, talvez até em primeiro lugar, a recusa dos universais e do antropomorfismo.

Não obstante sua complexidade metodológica e sua forte diversidade, os trabalhos de Foucault ocupam um ponto estratégico na conjuntura teórica [francesa e] internacional. Essa irradiação ampliou-se consideravelmente no decorrer dos anos 1990, graças ao estabelecimento de dispositivos editoriais cada vez mais completos. Depois dos quatro tomos dos *Ditos e escritos* [*DE I, DE II, DE III e DE IV*, 1994], que recolhem o conjunto dos textos e entrevistas publicados durante a vida de Foucault, a publicação de seus cursos no Collège de France inicia um novo público leitor, mesmo que esse público não disponha dos instrumentos necessários para o adequado entendimento das principais teses desenvolvidas por Foucault. Essa dupla efeméride editorial trouxe à luz a extraordinária diversidade dos registros de fala mobilizados pelo filósofo em sua trajetória, mas contribuiu, sobretudo, para a produção de uma figura inédita do filósofo: a de um pensador engajado inventando formas de tomar a palavra no espaço público e a de um crítico incessante de seu próprio pensamento. Muitos outros "Foucault" existiram paralelamente ao autor de livros. Que acontece se alguém decide, como queremos fazer aqui, levar a sério suas tomadas de turno de fala, ao mesmo tempo, como "intelectual específico", mas também como professor do Collège de France? Quais são os efeitos sobre a imagem da obra e, sobretudo, sobre a compreensão do trabalho filosófico e teórico produzido por Foucault [Artières, 2006]?

A relação de Foucault com as disciplinas das ciências humanas e sociais é paradoxal. Não obstante as duríssimas palavras acerca desses saberes, que não teriam se apartado de sua origem médica, clínica e positivista [Foucault, 1966], Foucault compartilha com essas ciências empíricas, como a sociologia e o direito, vários objetos, entre os quais as instituições, o corpo social, as relações de poder, ou até mesmo o indivíduo. Trata-se, em numerosos textos, de exclusão, de transgressão, de limite, de dominação, de ordem social, de delinquência, de alteridade, de norma, de disciplina e de sociedade. Isso é o bastante para fazer de Foucault um autor de referência para essas disciplinas? Suas reflexões parecem ter peso, especialmente porque elas revelam o que acontece por baixo das grandes oposições (individualismo ou holismo; autonomia ou dominação) valorizadas pelos quadros disciplinares estabelecidos. É, inicialmente, por ter rejeitado toda divisão estanque e mobilizado, sempre com toda liberdade, referências eruditas de origens variadas, que Foucault é utilizado e permite retomar e atualizar questões filosóficas à luz de problemas situados na fronteira entre o filosófico e o não filosófico. É também por ter tornado manifesto o fato de que somos, em grande parte, "história" incorporada, quer dizer, esquecida e como que naturalizada, especificando que por trás das coisas não se encontra a origem, mas um entroncamento de construções plurais, individuais e coletivas, que esse autor continua a assombrar grande parte das reflexões sociológicas, históricas ou antropológicas [Foucault, 1971, nº 84].

Uma das especificidades dos usos atuais de Foucault, contudo, decorre da maneira com que seus trabalhos funcionam para todo um conjunto de leitores, sejam eles militantes ou pesquisadores, de modo mais implícito e privado que explícito e assumido. Muitos são os que mantiveram com os trabalhos dele uma relação instável, oscilando entre atração e intimidação, às vezes, preferindo ignorar suas constantes reformulações ou seus deslocamentos teóricos, que nos lembram, porém, que as afirmações de Foucault estavam sempre vinculadas às condições históricas e às necessidades políticas com as quais ele se confrontou em seu tempo.

Para ultrapassar tanto a crítica escarnecedora quanto a apologia ingênua, não se deve tentar uma reconciliação impossível entre filosofia e ciências humanas e sociais. Ao contrário: é quebrando a hierarquia habitual das disciplinas, que defende que a filosofia disponha de uma legitimidade *a priori* para avaliar conceitualmente as outras ciências humanas, e nos concentrando nos autores e nas referências que mantêm ligação com a tradição sociológica e antropológica utilizados ou citados diretamente por Foucault que quisemos dar acesso a todas as facetas de seus trabalhos, esclarecer determinado número de seus grandes princípios metodológicos e teóricos, retomar a riqueza e as vulnerabilidades ou contrações de suas hipóteses e, talvez, especialmente fazer ver exemplos de apropriações operatórias.

Termos-chave

Arquivo: o arquivo não é sinônimo de tradição, não se trata do conjunto de textos conservados por uma civilização, mas do "jogo das regras que determinam em uma cultura o aparecimento e o desaparecimento dos enunciados, sua persistência e seu apagamento" [Foucault, 1968, nº 59]. A arqueologia tem justamente por objeto recolher todas as marcas discursivas que permitam reconstituir essas regras.

Biopolítica: este termo designa a maneira com que o poder, a partir do século XVIII, governa o conjunto dos viventes a partir das questões de saúde, de higiene, de alimentação, de sexualidade, que se tornaram novos desafios políticos. A noção de biopolítica é indissociável da noção de população que, para Foucault, apresenta traços biológicos e patológicos distintivos.

Discurso: a arqueologia das "camadas discursivas", como as classifica Foucault em *As pa-*

lavras e as coisas, vai além da análise linguística. O discurso corresponde a um conjunto de enunciados que têm as mesmas regras de funcionamento.

Enunciado: Foucault busca descrever rigorosamente, ou seja, materialmente, os enunciados relacionados com as estratégias sociais e políticas, e não apenas linguísticas. Um enunciado é inicialmente descrito pelo lugar que ele ocupa no espaço social e na história. É, acrescenta Foucault, um "acontecimento que nem a língua, nem o sentido podem esgotar inteiramente" [*Arqueologia do saber*, p. 40].

Episteme: este termo, que está no centro de *As palavras e as coisas,* corresponde ao alicerce sobre o qual se articulam os conhecimentos e os quadros gerais do pensamento próprios a determinada época. A episteme designa

> todos os fenômenos de relações entre as ciências ou entre os diferentes discursos científicos [Foucault, 1972, nº 109].

Indivíduo/individuação: o poder disciplinar se define, inicialmente, como um poder de individualização, um poder que fabrica indivíduos. O indivíduo é uma criação histórica:

> É, sem dúvida, o átomo fictício de uma representação "ideológica" da sociedade; mas é também uma realidade fabricada por essa tecnologia específica de poder que chamamos de disciplina [*Vigiar e punir*, 1975].

Norma: em relação com as disciplinas, a noção de "norma", assim como a de "normalização", permite a Foucault não mais se referir ao horizonte teórico do direito e da lei, mas ao horizonte de outro tipo de partilha entre os indivíduos, que não é mais aquele entre o lícito e o ilícito, mas entre o normal e o anormal. A norma é um saber que estabelece para si, além disso,

> meios de correção que não são exatamente meios de punição, mas meios de transformação do indivíduo, toda uma tecnologia do comportamento do ser humano [Foucault, 1977, nº 212].

Poder: conjunto de relações de efeitos sociais múltiplos. Trata-se de encontrar, interrogando as modalidades de exercício dos poderes, o dispositivo ou o agenciamento no qual se cruzam as práticas, os saberes e as instituições.

Subjetivação: processo pelo qual se constitui um sujeito, que, segundo Foucault, pode se constituir de certo número de técnicas, como sujeito de sua própria existência. Existe sempre um espaço de liberdade no qual o indivíduo pode se constituir:

> Não existe relação de poder sem resistência, sem escapatória ou fuga, sem recuo eventual; toda relação de poder implica, então, pelo menos de maneira virtual, uma estratégia de luta, sem que para tanto elas venham a se superpor, a perder sua especificidade

> e, finalmente, a se confundir [Foucault, 1982, nº 306].

Verdade/veridicção: Foucault constrói uma história dos jogos de veridicção. Existem técnicas de verdade que têm efeitos de realidade na sociedade. É preciso descrever os

> tipos de discurso que ela [a sociedade] acolhe e faz funcionar como verdadeiros; os mecanismos e as instâncias que permitem distinguir os enunciados verdadeiros ou falsos, a maneira com que se sancionam uns e outros; as técnicas e os procedimentos que são valorizados para a obtenção da verdade; o estatuto daqueles que têm o encargo de dizer o que funciona como verdadeiro [Foucault, 1976, nº 184].

Vários autores [Revel, 2002, 2007; Potte-Bonneville, 2009] decidiram abordar a obra de Foucault pela vertente das noções.

Trataremos aqui apenas dos principais usos de Foucault no campo das ciências humanas. A organização da obra também deve permitir aos leitores abordarem vários aspectos conhecidos das pesquisas foucaultianas, como a temática das instituições, da sociedade e do poder, e a da constituição dos sujeitos, mas também de facetas ainda pouco utilizadas de seu pensamento. A última parte da obra é exatamente uma tentativa de dar uma perspectiva das diferentes contribuições de Foucault a partir das pesquisas e dos questionamentos que atravessam hoje as ciências sociais: a análise das relações entre saberes e poderes, a análise dos discursos, a metodologia da história e, talvez, especialmente, a possibilidade de evocar nossa atualidade mantendo uma atitude crítica em face das determinações impostas por nossas maneiras de ser e de pensar.

Capítulo I

Itinerário:
Foucault em movimento

O exercício biográfico é particularmente delicado quando se trata de Foucault, cuja vida foi marcada por importantes rupturas, mas também por um pensamento em evolução.

As principais fontes de que dispomos são de dois tipos: de um lado, as numerosíssimas entrevistas que Foucault concede e nas quais, às vezes, retoma pormenorizadamente alguns episódios de sua vida e de sua trajetória. De outro, os testemunhos, relatos e biografias publicados, em sua maioria, depois da morte do filósofo e que completam e discutem algumas informações dadas por Foucault.

Um percurso clássico

Nascido em 1926 em Poitiers, em uma família de médicos e de cirurgiões, Paul Michel Foucault pertence à mesma geração de Noam Chomsky (1928), Thomas Kuhn (1922-1996), John Rawls (1921) ou até de Jürgen Habermas (1929) e Jacques Derrida (1930-2004). Ele começa sua formação escolar no liceu Henry-IV de Poitiers e se transfere, no fim do segundo ano, para o colégio Saint-Stanislas, então dirigido pelos irmãos das escolas cristãs, os lassalistas. Na primavera de 1945, ele é reprovado no concurso de ingresso na École Normale e decide, para se preparar uma segunda vez para o concurso da rua d'Ulm, entrar na turma preparatória do liceu Henry-IV em Paris. Em 1946, entra na rua d'Ulm, onde se prepara para o concurso de professor de filosofia, que deixa escapar uma primeira vez na prova oral, em 1950.

Durante os quatro anos passados na École Normale, Foucault vai se interessar pela psicologia. Ele se matricula na Sorbonne, frequenta o hospital Sainte-Anne e se especializa em psicopatologia, participando das atividades de diversos institutos parisienses. Tendo passado na seleção e tendo sido agregado em 1951, ele começa a lecionar no nível secundário, em Lille. Logo depois, passa a integrar o corpo de professores da "Normale", tornando-se repetidor de um pequeno grupo de pesquisadores, que incluía notadamente Gérard Genette, Jean-Claude Passeron e Paul Veyne.

Foucault revisitou, em várias ocasiões, esses anos de formação, que são também para ele anos de descobertas e de encontros que mudarão sua existência. Seus primeiros textos pertencem a um período onde ele ainda está sob a dupla influência da fenomenologia e do marxismo: a influência de Maurice Merleau-Ponty, que o fez descobrir, assim como toda uma geração de jovens filósofos que seguiram seus cursos na École Normale, na Sorbonne e, por fim, no Collège de France, a psiquiatria existencial, Husserl e Heidegger, e a de Louis Althusser, por conta da tese althusseriana de um "anti-humanismo teórico", desenvolvida em 1965 em *Pour Marx*.

Foucault aborda a questão da psicologia, ao mesmo tempo, em sua relação teórica com a tradição filosófica e em seus princípios epistemológicos [Foucault, 1957]. O que vai interessar especialmente Foucault em *Doença mental e personalidade* [*Maladie mentale et personnalité*], obra encomendada por Louis Althusser para a coleção "Initiation philosophique" das Presses Universitaires de France [PUF], é entender por que a psicologia quer se assemelhar à medicina orgânica e por que as novas abordagens da disciplina, quer se trate do existencialismo, do marxismo ou da psicanálise, não conseguem determinar com exatidão as razões pelas quais apenas alguns indivíduos estão sujeitos a problemas psicológicos. Ele tenta estabelecer, de um ponto de vista epistemológico, por que não há sentido em querer abordar as patologias mentais a partir de um modelo orgânico. Impossível tentar "transpor de um para outro os esquemas de abstração, os critérios de normalidade, ou a definição do indivíduo mórbido", dado que aquilo que chamamos de doença mental não responde à definição de "doença" dada pela fisiopatologia [*Doença mental e personalidade*, p. 16]. A psicologia requer um diagnóstico específico e uma delimitação clara das patologias. Elementos tanto mais difíceis de obter nos casos das patologias mentais, visto que elas constantemente turvam a distinção classicamente utilizada pelos médicos entre o normal e o patológico.

Como pensar a relatividade do fato patológico?

Ao abordar em *Doença mental e personalidade* a questão da relatividade do fato patológico, Foucault move uma dupla crítica, ao mesmo tempo, à análise estatística do normal que Durkheim propõe em *As regras do método sociológico* e às observações etnográficas que permitiram à antropóloga americana Ruth Benedict demonstrar que cada civilização possui um sistema de normas específicas que faz surgir como normal para uns aquilo que outros consideram como patológico.

Essas duas abordagens da doença mental ressaltam o caráter relativo das patologias. Contudo, elas têm, para Foucault, o defeito principal de querer impor uma avaliação negativa da doença, seja em relação a uma norma média para Durkheim, seja em relação a um padrão para Benedict.

A normalidade de um fenômeno não pode ser interpretada unicamente em função de sua constância, de sua frequência ou de sua generalidade. É impossível para Foucault querer considerar o patológico como aquilo que se desvia de uma média, dado que se buscarmos assimilar o normal ao frequente, como Durkheim o propõe, como explicar o aumento do número de doenças mentais em dada sociedade sem levar em conta as condições sociais nas quais a doença mental é vivida? Por que recusar levar em consideração a tolerância, maior ou menor, de uma sociedade para com esse ou aquele comportamento desviante? Em todo caso, a abordagem estritamente estatística do patológico não é suficiente para esgotar a realidade desse fenômeno. Outras variáveis devem ser levadas em conta, variáveis não exclusivamente médicas, mas também sociais.

O interesse que Foucault dispensa aos trabalhos de Benedict provém do modo como a etnóloga explica como "a agressão é um comportamento privilegiado em Dobu, reprimido em Los Pueblos", sugerindo que o patológico aparece na distância entre um comportamento dado e o padrão de uma cultura [*Doença mental e personalidade*, p. 73]. A doença é para a antropóloga uma construção social específica de uma cultura e de sua linguagem. Alguns delírios, algumas loucuras, alguns comportamentos desviantes podem muito bem ser vividos em algumas áreas culturais como normais, sem apresentar nenhuma dificuldade para a manutenção da coesão do grupo. Uma doença psicológica não pode, então, ser separada de seu contexto cultural. As patologias não são nem formas rígidas, nem, com muito mais razão, fenômenos atemporais.

Mesmo reconhecendo a utilidade de pensar a doença no quadro de uma reflexão de conjunto sobre a relatividade cultural e histórica, inicialmente porque ela é um alerta contra o etnocentrismo da abordagem de determinados psiquiatras, Foucault pensa que Durkheim e Benedict falharam "no que há de positivo e de real na doença, tal como ela se apresenta em uma sociedade" [*Doença mental e personalidade*, p. 74].

> Trata-se de observar, ao contrário, o que nossa atitude para com os doentes pode revelar de nossa cultura, cuja característica, desde o século XVI, é excluir (ou, pelo menos, isolar) tudo o que se assemelha à loucura. Uma exclusão que tende, além do mais, a fazer com que o doente faça a experiência de si mesmo como um estrangeiro em sua própria cultura.

Foucault narrado por si mesmo

A construção biográfica póstuma de Foucault alimentou por muito tempo a representação de um pensador nômade, tanto em referência ao lugar que ele atribui à experiência do estrangeiro como a sua maneira de justapor em suas diferentes pesquisas lugares múltiplos: da loucura à prisão, da literatura à história.

Se Didier Eribon e David Macey restringiram-se a produzir uma biografia intelectual clássica [Macey, 1994; Eribon, 1991], James Miller foi tentado por uma leitura psicanalítica da obra de Foucault, segundo a qual seus diferentes centros de interesse são o reflexo de suas práticas homossexuais. Um *parti pris* que o escritor Hervé Guibert também decidiu explorar em suas autoficções, para pintar um retrato oculto do filósofo [Miller, 1993; Guibert, 1990]. Mais recentemente, e em uma perspectiva sociológica, Pestaña tentou demonstrar o que o sucesso de Foucault deve a uma moda de capitalização de conhecimentos precoces, a investimentos escolares estimulados e reativados pela família e à construção, pelos parentes ou pelas pessoas próximas, de redes de integração e de legitimação intelectual [Moreno, 2006]. Ainda é preciso acrescentar a essas tentativas biográficas os testemunhos publicados sobre Foucault [*Le Débat*, 1986; Veyne, 1995, 2008; Artières, Bert *et alii*, 2011], bem como os relatos de Claude Mauriac, que nos dão a ver, dia a dia, a importância da atividade militante de Foucault no início dos anos 1970 [Mauriac, 1986; Artières, 2004].

O próprio Foucault deixou-se tentar pelo relato autobiográfico. De um lado, existe um Foucault que diz querer se "mover mascarado no mundo" [Foucault, 1980, nº 285], que recusa expor sua vida, seu nome ou seus compromissos políticos e que reivindica o direito de romper com suas posições anteriores, como em *A arqueologia do saber* [1969]:

> Não me perguntem quem eu sou e nem me digam para permanecer o mesmo: essa é uma moral de estado civil; ela rege nossos documentos. Que ela nos deixe livres quando se trata de escrever [*A arqueologia do saber*, p. 28].

Por outro lado, a partir de finais dos anos 1960, ele aceita evocar sua vida privada ao produzir em entrevistas uma espécie de autobiografia profissional que vai lhe permitir valorizar alguns motivos explicativos de seu trabalho:

> Cada um de meus livros representa uma parte de minha história [...]. Para dar um exemplo simples, trabalhei em um hospital psiquiátrico durante os anos 1950. [...] Era o tempo do desenvolvimento da neurocirurgia, o início da psicofarmacologia, o reinado da instituição tradicional. Num primeiro tempo, aceitei essas coisas como necessárias, mas, ao cabo de três meses (tenho um espírito lento), comecei a me questionar: mas para que essas coisas são necessárias? Depois de três meses, deixei esse emprego e fui para a Suécia, com um sentimento de profundo mal-estar; lá, comecei a escrever uma história dessas práticas [Foucault, 1988, nº 362, p. 779].

A ideia de sua tese sobre a loucura lhe veio, é ele mesmo quem esclarece em outra entrevista, depois de ter

> sido recrutado vagamente como psicólogo [...]. De modo que pude circular na fronteira entre o mundo dos médicos e o mundo dos doentes. Sem ter, é claro, os privilégios dos médicos, sem ter também o triste estatuto do doente. As relações entre médicos e doentes, as formas de instituição, pelo menos nos hospitais psiquiátricos, me provocaram completo assombro, surpresa e até mesmo angústia [Foucault, 1977, nº 212, p. 369].

Vigiar e punir [*Surveiller et punir, SP,* 1975], seu livro sobre as prisões, é resultado de seu engajamento no seio do GIP (Groupe d'Information sur les Prisons), entre 1971 e 1973. O intelectual diz exatamente isso em uma carta a Paul Thibaud, diretor da revista *Esprit* no início dos anos 1980:

> Veja você, iniciei e concluí, depois da experiência no GIP, meu livro sobre as prisões. E o que me entristece não é que você tenha tido a ideia bizarra de deduzir de meu livro [...] minha venenosa influência sobre o GIP; é você não ter conseguido fazer a mais remota ideia de que esse livro deve muito ao GIP e que se ele continha duas ou três ideias justas, foi de lá que elas vieram [Foucault, 1980, nº 282, p. 97].

Unidade da obra foucaultiana?

Os primeiros comentadores sentiram a necessidade de periodizar eficazmente as diferentes pesquisas empreendidas por Foucault.

Enquanto o livro de Gilles Deleuze opera um trabalho de desconstrução para tentar fazer entender a coerência interna do sistema filosófico foucaultiano em torno dos três eixos principais, que são o "saber", o "poder" e o "si" [Deleuze, 1986], o de Hubert Dreyfus e Paul Rabinow apresenta o filósofo como o inventor de um novo método de análise, no cruzamento do estruturalismo com a hermenêutica [Dreyfus & Rabinow, 1984]. Outros comentadores preferiram se ater a formulações mais temáticas, destacando, por exemplo, o interesse inicial de Foucault pelas questões linguísticas ou sua concentração nos poderes durante a década de 1970. Outros buscaram, mais simplesmente, enfatizar a maneira com que ele soube explorar, ao longo de toda a sua carreira, alguns temas recorrentes como o saber, a verdade, o corpo, a atualidade ou até mesmo a crítica [Sheridan, 1985; Brossat, 1994; Rajchman, 1994; Gros, 2002; Chevalier, 2005].

Diante da amplidão e da diversidade dos usos, Foucault tentou, várias vezes, destacar linhas coerentes de leitura, entregando-se, por vezes, a reinterpretações de sua própria trajetória, que assumiram duas formas principais.

Por vezes, ele reconstrói seu próprio trajeto intelectual em função das questões que enfrentava naquele momento preciso, inscrevendo seus trabalhos em um mesmo programa de pesquisa, até em um mesmo sistema de pensamento. Noutras vezes, ele afirma que alguns questionamentos sempre animaram suas reflexões e suas pesquisas, de maneira a simplesmente proclamar ter falado sempre a mesma coisa.

É assim, por exemplo, que ele reorganiza seus trabalhos em torno de três genealogias:

> Primeiramente, uma ontologia histórica de nós mesmos em nossas relações com a verdade, que nos permite nos constituir como sujeitos do conhecimento; em seguida, uma ontologia

> histórica de nós mesmos em nossas relações com um campo de poder, no qual nós nos constituímos como sujeitos agindo sobre os outros; finalmente, uma ontologia histórica de nossas relações com a moral, que nos permita nos constituir enquanto agentes éticos. Portanto, três eixos são possíveis para uma genealogia. Todos os três estavam presentes, mesmo de maneira um pouco confusa, na *História da loucura*. Estudei o eixo da verdade em *Nascimento da clínica* e na *Arqueologia do saber*. Desenvolvi o eixo do poder em *Vigiar e punir*, e o eixo moral em *História da sexualidade* [Foucault, 1983, p. 618].

No início dos anos 1980, ele vincula seus trabalhos anteriores sobre o "poder-saber" a suas pesquisas da época sobre o sujeito e a verdade:

> Meu problema sempre foi [...] o das relações entre sujeito e verdade: como o sujeito entra em determinado jogo de verdade. [...] Foi assim que fui levado a encarar o problema poder/saber, que é para mim, não o problema fundamental, mas um instrumento que permite analisar da maneira que me parece a mais exata o problema das relações entre sujeito e jogos de verdade [Foucault, 1984, nº 356, p. 717-718].

Poderíamos multiplicar os exemplos voltando-nos para o polo "subjetividade e verdade" [Foucault, 1984, nº 356, p. 707], para a noção dos "jogos de verdade", para a oposição entre discurso verdadeiro e discurso falso, ou, finalmente, abordando a questão da constituição do sujeito ocidental, que interessa a Foucault simultaneamente como objeto de saber, objeto de poder e, depois, sujeito de uma conduta individual.

Foucault decide valorizar também vários nomes de intelectuais, incontornáveis para a época, todos característicos da tradição filosófica da qual ele se pretende o herdeiro, a saber, uma filosofia do conceito. No prefácio à edição americana de 1978 de *O normal e o patológico* [1943], de Canguilhem, Foucault esboça um panorama da filosofia francesa que lhe era contemporânea, no qual distingue duas correntes: as filosofias do conceito, do saber e da racionalidade, reunidas nos trabalhos de Canguilhem, Bachelard, Koyré e Cavaillès; as filosofias do sujeito, da experiência e do sentido, que têm por origem Maine de Biran e que se projetam até a filosofia de Sartre e, em certa medida, na de Merleau-Ponty.

Na trilha de Bachelard (1884-1962) e de sua descoberta dos limiares e dos cortes que balizam a progressão das ciências, e de Canguilhem, que soube indicar a existência dessas mesmas descontinuidades na história da medicina, Foucault pretende fazer uma epistemologia fundada na atualização das transições, das mutações e dos deslocamentos que incidem sobre o campo da validade e das regras de uso dos conceitos. Não se trata de apresentar cronologicamente a sucessão das diversas teorias, de mostrar o caráter anacrônico de uma obra ou de uma concepção, mas, ao contrário, de fazer a história da formação de um conceito, tornando-a indissociável de uma crítica radical das outras formas de interpretação da evolução dos saberes.

Em sua aula inaugural no Collège de France na cátedra de "História dos sistemas de pensamento", *A ordem do discurso* [*OD*, 1971], Foucault especifica que um de seus propósitos é analisar a maneira com que cada sociedade inventa procedimentos especialmente voltados a dominar os eventuais efeitos dos discursos científicos, para além do espaço social estrito onde eles são produzidos. Ele conserva, então, das propostas de Canguilhem, a questão crucial do lugar da construção da verdade no pensamento científico. É ao seguir a hipótese segundo a qual toda "verdade" é, para Canguilhem, o efeito de um dispositivo cujo surgimento deve ser possível determinar, que Foucault pode pensar na possibilidade de escrever uma "história da verdade" ou dos "jogos de verdade" a serem analisados segundo as regras que permitem a discursos qualificados como verdadeiros se articularem sobre todo um domínio de práticas. Toda produção de discurso, e o discurso científico não seria exceção aqui, é sempre controlada por procedimentos ligados a um contexto histórico específico.

A experiência do estrangeiro

A trajetória institucional e intelectual de Foucault se constrói em boa parte no estrangeiro, em postos diplomáticos, como em Uppsala, Suécia (1955), onde ele redige sua tese, a *História da loucura na idade clássica*, que será publicada pela editora Plon graças ao historiador Phillippe Ariès; em Varsóvia (1958), ou em Hamburgo (1959).

Suas experiências no exterior são constantemente evocadas em suas entrevistas. Em 1974, ele diz ter se sentido sempre estrangeiro, "no limite externo das relações entre saber e poder", o que lhe permitiu fazer as observações que fez sobre a loucura ou a doença [Foucault, 1974, nº 141, p. 662]. Um ano mais tarde, ele repete que sua posição como "indivíduo misto, duvidoso, sem estatuto definido" lhe permitiu ver as coisas com mais simplicidade [Foucault, 1975, nº 160, p. 771].

Ele será mais preciso quando for relatar a longa noite sueca, que deve a Georges Dumézil:

> A realidade sueca tem uma beleza, um rigor e uma necessidade que mostram que o homem, no seio de uma realidade assim, nunca é mais que um ponto que se desloca, que obedece a leis, a esquemas e a formas em um tráfego que o ultrapassa e que é mais poderoso do que ele. Vê-se isso mais claramente na Suécia do que na França.

Mais adiante, ele revela:

> Foi o acaso que me levou em 1955 para a Suécia, em um momento no qual eu mantinha a firme intenção de passar o resto de minha vida entre duas malas, viajando pelo mundo e, mais especialmente, de nem pegar numa caneta. [...] Foi na Suécia, durante a longa noite sueca, que peguei a mania e o mau costume de escrever de cinco a seis horas por dia... [Foucault, 1968, nº 54, p. 651].

Depois da defesa de sua tese, a obtenção de um posto de professor de psicologia na Universidade de Clermont-Ferrand não extinguiu nele o desejo de exílio. Em 1965, aceita um convite da Universidade de São Paulo e parte para dar um seminário onde apresenta uma primeira versão daquilo que será uma de suas maiores obras, *As palavras e as coisas*. Ao final do ano de 1966, ele se instala em Túnis, em Sidi Bu Said, onde ensina a teoria do discurso. Sua nomeação para o Collège de France, depois do breve episódio da criação do Departamento de Filosofia de Vincennes em 1969, permite-lhe multiplicar suas estadas no estrangeiro: Brasil, Japão em 1972 e 1978, Berlim em 1977, Montréal em 1973 e, sobretudo, os Estados Unidos, mais especificamente a Universidade de Buffalo, em 1970, e a Califórnia, a partir de 1975.

A aposta no estruturalismo

Até a publicação de *As palavras e as coisas* [*Les Mots et les choses,* 1966], a posição de Foucault no campo intelectual é marginal em todos os sentidos e desfruta deliberadamente de sua proximidade — em última instância, relativa — com o estruturalismo. Para a *História da loucura* [*Histoire de la folie*, 1961], ele indica, por exemplo, ter desejado descobrir "formas estruturadas de experiência, cujo esquema possa ser encontrado, com modificações, em níveis diversos" [Foucault, 1961, nº 5, p. 168]. Em *Nascimento da clínica* [1963], é a partir das mudanças operadas pela medicina clínica e pela introdução das práticas de dissecção que ele diz querer determinar na experiência médica "a estrutura comum que divide e articula o que se vê daquilo que se diz" [*Nascimento da clínica*, p. 14]. Em *As palavras e as coisas*, que, por sinal, tem como subtítulo "arqueologia do estruturalismo", ele busca descobrir a existência de um inconsciente do saber que, como o inconsciente do indivíduo, mereceria ser analisado de maneira específica. Sua história, mas também — como esclarece Foucault — seu futuro e seus episódios "obedecem a certo número de leis e de determinações" [Foucault, 1968, nº 55, p. 665].

Essas três obras foram, sintetiza Foucault, uma tentativa de aplicação do método estrutural no domínio da história dos conhecimentos:

> O que tentei fazer foi introduzir análises de estilo estruturalista em campos em que elas até o presente não haviam penetrado, isto é, no campo da história das ideias, da história dos conhecimentos, da história da teoria. Nesse sentido, fui levado a analisar em termos de estruturas o nascimento do próprio estruturalismo. Foi nessa medida que mantive com o estruturalismo uma relação simultaneamente de distância e de desdobramento. De distância, porque falo dele, em vez de praticá-lo diretamente, e de desdobramento, porque não quero falar dele sem falar sua linguagem [Foucault, 1967, nº 47, p. 583].

Enquanto método, o estruturalismo parece servir a Foucault de três maneiras:

Primeiramente, ele lhe permite interrogar uma cultura a partir daquilo que ela exclui e empurra para suas margens. Seguindo Claude Lévi-Strauss, que demonstrara, para as sociedades arcaicas, a obrigação da exogamia (regra positiva) a partir da proibição do incesto (regra negativa), Foucault questiona, como na *História da loucura*, a cultura ocidental a partir daquilo que ela exclui e reprime para analisar os sistemas de oposições que estruturam nossa sociedade (bem e mal, permitido e proibido, lícito e ilícito, racional e irracional). Em uma de suas numerosas tentativas de definição do estruturalismo, Foucault também enfatiza o papel desempenhado pelos trabalhos do linguista e historiador das religiões, Georges Dumézil, especialmente sua descoberta, no início dos anos 1930, da estrutura tripartite, recorrente no mundo indo-europeu, que separa as três atividades fundamentais dos sacerdotes, dos guerreiros e dos artesãos, ou produtores. Por sinal, ele distingue duas formas de estruturalismo. Como método de análise, o estruturalismo permite tanto o surgimento de objetos científicos novos, desconhecidos, quanto descobertas em campos já conhecidos, a "solidariedade das religiões e das mitologias indo-europeias, por exemplo" [Foucault, 1967, nº 47, p. 581]. Em seguida, o estruturalismo permite definir, inclusive para não especialistas, as atuais relações que podem existir entre esse ou aquele elemento de nossa cultura, essa ou aquela ciência, esse campo prático e aquele campo teórico. Em 1972, ele ainda assinala que se o antropólogo americano Boas pode ser considerado o fundador do método estrutural, é inicialmente por ter criticado determinada forma de história etnológica que, na sequência dos trabalhos de Tylor, queria que "as sociedades humanas seguissem todas uma mesma curva de evolução, indo das formas mais simples às mais complexas". Boas foi o primeiro a permitir emancipar a etnologia do modelo evolucionista e a mostrar como as sociedades humanas, sejam elas simples ou complexas, obedecem a determinadas relações internas que as definem em sua especificidade [Foucault, 1972, nº 103, p. 269].

Em segundo lugar, um livro como *La Méditerranée et le monde méditerranéen à l'époque de Phillippe II* [O Mediterrâneo e o mundo mediterrâneo no tempo de Filipe II], de Fernand Braudel (1949) vai dar a Foucault a prova, dessa vez histórica, de que existem, sob as grandes continuidades da história do pensamento, interrupções, rupturas e descontinuidades próprias às temporalidades históricas. É deslocando a atenção dos historiadores para os fenômenos de ruptura e diferenciando dois tipos de séries — a série dos tempos (tempo estrutural, tempo conjuntural, tempo acontecimental) e a série de níveis da sociedade (nível geográfico, nível técnico, nível econômico, nível político) — que Braudel permite a Foucault imaginar para seu campo a possibilidade de outra história, na qual os cortes e as descontinuidades ofereçam a possibilidade de reconstituir os debates que organizam o campo do saber:

> É importante que o estruturalismo tenha tentado fazer surgir uma espécie de tempo diferente; em outros termos, não há um tempo único à maneira hegeliana ou bergsoniana, uma espécie de grande fluxo que abarcaria tudo, há histórias diferentes

> que se sobrepõem [...]; o problema é fazer a análise desses jogos no interior do tempo [Foucault, 1978, nº 234, p. 580, e também *DE* I, 1969, nº 48, introdução à *AS*].

Por fim, no nível filosófico, o estruturalismo vai lhe permitir se opor ao existencialismo de Sartre e àqueles que ele classifica em 1966 de humanistas "frouxos" (Camus, Teilhard de Chardin etc.). Ao possibilitar uma primeira análise das regras constitutivas do pensamento humano, o estruturalismo lhe permite atualizar as redes anônimas do saber que fazem com que o homem não seja um ser inteiramente responsável por suas escolhas e criador dos próprios valores, mas um sujeito cujas ações e pensamentos são indissociáveis da época em que eles se desenvolvem. Trata-se aqui de uma forma particular de "anti-humanismo", que Foucault divide com Louis Althusser, Pierre Bourdieu ou até mesmo Claude Lévi-Strauss, cuja posição teórica é, nesse mesmo momento, demonstrar a impossibilidade de uma antropologia que teria como princípio fundador uma filosofia do sujeito livre e da história como realização da liberdade.

A publicação de *As palavras e as coisas* relança o debate sobre a afiliação de Foucault ao estruturalismo. Realmente, ninguém fica indiferente a suas conclusões, que, por alguns meses, concentram a atenção de vários comentadores

[Artières, Bert, Chevallier *et alii*, 2009]. Os leitores favoráveis destacam a relação de Foucault com Nietzsche e enfatizam a força de seus ataques contra a história das ideias, o existencialismo, o humanismo, bem como contra certo marxismo pervertido pelo historicismo [Deleuze, 1966; Certeau, 1967]. Outros insistem na forma totalmente inédita com que Foucault analisa os conceitos, definindo-os pelas conexões que regem seu emprego. É jogando com a importância alcançada por esses autores, por exemplo, a importância de Marx, e por seus conceitos que Foucault tenta entender seus efeitos sobre o saber, os interesses a que eles servem e as funções exatas que desempenham. As críticas se desdobram segundo, principalmente, dois eixos: a concepção da história e a afirmação da "morte do homem", além do desmoronamento do "humanismo" [Sartre, 1966; Amiot, 1967; Garaudy, 1967]. De fato, é a distância autorizada pela arqueologia que é percebida como uma falsificação da história. Apesar de ser favorável ao projeto, Canguilhem também se inquieta com ele na resenha que faz da obra e nota, no caso da história natural, que "entre os discursos teóricos mantidos em conformidade com o sistema epistêmico do século XVII e do século XVIII, alguns, como a história natural, foram relegados pela episteme do século XIX, mas alguns outros foram integrados [...]. Newton não foi mais refutado por Einstein do que por Maxwell. Darwin não foi refutado por Mendel e Morgan [...]" [Canguilhem, 1967, p. 612].

Os equívocos da continuidade histórica: a episteme

As críticas mais radicais dirigidas à obra *As palavras e as coisas* incidem sobre a maneira com que Foucault afirma a existência de uma descontinuidade fundamental entre as três grandes epistemes que ele delimitou: a primeira, que separa, na metade do século XVII, o Renascimento da idade clássica; a segunda, no início do século XIX, que abre para o período moderno. Essas duas rupturas geram para Foucault uma transformação radical dos modos de pensar. O pensamento por analogia e por semelhança, típico da Idade Média e do Renascimento, é, na idade clássica, substituído por um pensamento da ordem e da classificação, no qual a gramática geral, a história natural e a análise das riquezas têm por função apreender as transformações e as evoluções de um fenômeno e estabelecer suas taxonomias. No início do século XIX, aparece outro quadro de pensamento, no qual, e pela primeira vez, o homem é tomado como objeto de conhecimento por todo um conjunto de novos saberes: o das ciências humanas. Como Foucault o indica em várias ocasiões, "existe apenas uma episteme, que define as condições de possibilidade de todo saber" [*As palavras e as coisas*, p. 179].

Essa oscilação nunca é apresentada por Foucault em termos de uma progressão. Nenhum argumento permite saber se os fatores de oscilação devem-se a elementos internos ou externos à estrutura; se se trata de um desgaste da estrutura ou, ao contrário, de um acontecimento particular e pontual, como uma guerra ou uma revolução. O problema suscitado não é, portanto, apenas o de entender como se dá a oscilação de uma episteme a outra, mas de determinar, no caso de se afirmar uma descontinuidade radical entre os registros de saberes, quais são os fatores que permitem pensar o progresso [Bert, 2007, *Aron/Foucault Dialogue*]. Foucault deixou poucos elementos de resposta para essa importante controvérsia. Em 1967, ele simplesmente diz a Raymond Bellour que pode "definir a idade clássica em sua configuração própria pela dupla diferença que a opõe ao século XVI, por um lado, ao século XIX, por outro". Em contrapartida, ele não pode

> definir a idade moderna em sua singularidade, a não ser opondo-a ao século XVII, por um lado, e a nós, de outro; portanto, é preciso, para poder operar incessantemente a divisão, fazer surgir sob cada uma de nossas frases a diferença que nos separa. Trata-se de depreender, dessa idade moderna que se inicia por

volta de 1790-1810 e vai até 1950, o que, para a idade clássica, trata-se apenas de descrever [Foucault, 1967, nº 48, p. 599].

Em sua "resposta" ao Círculo de Epistemologia, ele propõe outra definição de episteme, dessa vez, como "espaço de dispersão" ou, sobretudo, como "um jogo simultâneo de remanências específicas", que exige "detectar as mudanças que afetam os objetos, as operações, os conceitos, as opções teóricas [...]" [Foucault, 1968, nº 58, p. 678]. Em meados dos anos 1970, a noção de "dispositivo" lhe permite analisar a normalização da sexualidade nas sociedades ocidentais. É nesse tempo que Foucault pode vincular entre si táticas distintas de saber e de poder que compreendem enunciados e discursos, mas também instituições, arranjos arquitetônicos e práticas.

Um filósofo engajado

Em várias ocasiões, Foucault evoca a questão de seu engajamento, por sinal, particularmente bem descrito graças a uma cobertura midiática muito atenta para os anos 1970, anos que viram se multiplicar várias lutas setoriais (prisões, psiquiatria, medicina, educação, magistratura...), às quais o filósofo se faz presente. No início da década, a substituição da abordagem "arqueológica" pela "genealogia", cujo objetivo é fazer ouvir explicitamente os silêncios da história dando voz aos dominados, se faz acompanhar, para Foucault, de duas experiências fundamentais: a de seu engajamento no seio do Grupo de Informação sobre as Prisões (GIP), por ele fundado com Jean-Marie Domenach e Pierre Vidal-Naquet em fevereiro de 1971, e a experiência vinculada a uma reflexão mais geral a respeito do estatuto do intelectual e sua relação com o poder, especialmente em um contexto de oposição.

No final do ano de 1970, Daniel Defert, que participa da preparação do processo de vários militantes de extrema-esquerda, entre os quais Alain Geismar, Michel Le Bris, ou ainda Jean-Pierre le Dantec, presos na sequência da dissolução, pelo governo, da Esquerda Proletária, convida Foucault a coordenar uma comissão de pesquisa sobre as condições de prisão. Foucault aceita e simplesmente transforma a comissão em um grupo de informação, no qual, e pela primeira vez, são os atores da prisão, inicialmente os detentos e seus próximos, que se tornam produtores das pesquisas. O GIP foi criado no dia 8 de fevereiro de 1971, no decorrer de uma entrevista coletiva para anunciar o encerramento da greve de fome dos militantes presos e na qual Foucault lê, diante dos jornalistas reunidos na capela de São Bernardo, o manifesto do grupo, que começa com esta frase chocante:

> Nenhum de nós pode estar certo de que escapará da prisão [Foucault, 1971, nº 86, p. 174].

O GIP vai buscar organizar a coleta de informações junto aos presos, a suas famílias e aos advogados para transformá-las em objetos de luta. É pela expressão das coisas mais cotidianas que é possível, é o que pensa Foucault na época, opor-se ao segredo que cerca as condições de vida no cárcere e abalar o poder estabelecido:

> Essa espécie de discurso contra o poder, o contradiscurso sustentado pelos prisioneiros ou por aqueles chamados de delinquentes, é o que importa, e não uma teoria da delinquência [Foucault, 1972, nº 106, p. 310].

Genealogia e engajamento

Termo nietzschiano, a "genealogia" tem por função denunciar o aspecto ilusório de toda ideologia. É a perenidade dos valores morais, inclusive a da verdade, que o filósofo alemão denuncia. É nesse sentido que Foucault lê Nietzsche e articula, a partir de 1967, o método nietzschiano com o de Freud e o de Marx:

> Temos em Nietzsche uma crítica da profundidade ideal, da profundidade da consciência, que ele denuncia como uma invenção dos filósofos; essa profundidade seria a busca pura e interior da verdade. Nietzsche mostra como ela implica a resignação, a hipocrisia, o

> mascaramento; se bem que o intérprete deve, quando percorre seus sinais para denunciá-los, descer ao longo da linha vertical e demonstrar que essa profundidade da interioridade é, na realidade, algo diferente do que ela diz. Consequentemente, é necessário que o intérprete desça, que ele seja, como ele diz, o bom escavador de baixios [Foucault, 1967, nº 46, p. 568].

É em "Nietzsche, a genealogia, a história" [Foucault, 1971, nº 84], artigo em homenagem a Jean Hyppolite, que Foucault descreve seu projeto de uma genealogia que teria como tarefa, ao mesmo tempo, fazer da história uma contramemória, fazer brotarem os "saberes sujeitados" que também designam saberes desqualificados, desacreditados pela hierarquia dos conhecimentos, e desvelar o corpo enquanto "superfície de inscrição dos acontecimentos", isto é, objeto totalmente construído e penetrado pela história, "quebrado a ritmos de trabalho, de descanso e de festas; [...] intoxicado por venenos [...]; ele se constrói de resistências" [Foucault, 1971, nº 84, p. 147].

Em 1976, ele especifica o uso dessa noção respondendo às perguntas dos geógrafos da revista *Hérodote*:

> A partir do momento em que se queira fazer uma história que tenha um sentido, uma utilização, uma eficácia política, só se pode fazer isso corretamente sob a condição de se estar ligado, de uma maneira ou de outra, às lutas

que se desenrolam nesse campo. Tentei fazer a genealogia disso, inicialmente da psiquiatria, porque eu já tinha certa prática e certa experiência do hospital psiquiátrico e porque já sentia ali combates, linhas de força, pontos de enfrentamentos, de tensões. A história que eu fiz, só a fiz em função dessas lutas. O problema, o desafio, a aposta era poder manter um discurso verdadeiro e que fosse estrategicamente eficaz [...] [Foucault, 1976, nº 169, p. 29].

A propósito da primeira enquete do GIP, ele insiste em dissociar esse projeto das enquetes sociológicas clássicas, deixando a palavra àqueles que têm experiência de prisão:

> É necessário, a partir de agora, que a informação circule de boca em boca, de grupo em grupo [...]; é preciso transformar a experiência individual em saber coletivo. Quer dizer, em saber político [Foucault, 1971, nº 88, p. 178].

Esse distanciamento explícito com relação às práticas sociológicas manifesta uma desconfiança mais profunda de Foucault acerca dos procedimentos orientados de cima para baixo, nos quais os pesquisadores impõem obrigatoriamente um ponto de vista, impõem um modelo de análise no qual os atores sociais mais diretamente implicados podem ter dificuldades em se reconhecer. Ao contrário, por meio dessas "enquetes-intolerância"

> queremos que eles [os presos] possam se comunicar entre si, possam transmitir um ao outro o que eles sabem, possam se falar de prisão a prisão, de cela a cela [Foucault, 1971, nº 87, p. 176].

Pelas motivações iniciais do GIP, as modalidades de intervenção no debate público e a própria denominação dessas enquetes-intolerância, Foucault quer abordar a prisão desde a posição de "intelectual específico", ou seja, não falando em nome dos outros, mas justamente permitindo "aos outros falarem, sem impor limites ao direito que eles têm de falar" [Foucault, 1975, nº 163, p. 816]. O "intelectual específico", tal como definido por Foucault, está às voltas com o atual e o presente. Ele se dedica a inventar novas formas de ação que escapam ao militantismo tradicional. Eficiente em um campo determinado, esse intelectual deixa de ser, como em Sartre, portador de uma forma de universalidade ou porta-voz, mas, antes de tudo, passa a ser um "conhecedor especializado" que alimenta sua crítica de maneira local, a partir de uma politização dos problemas cotidianos. O tempo não está mais para profetismos, e sim para a ação de um intelectual que, por seus conhecimentos, opera uma verdadeira mudança na sociedade, destruindo o "regime político, econômico, institucional de produção da verdade" e destacando "o poder da verdade das formas de hegemonia (sociais, econômicas, culturais) no interior das quais ela, por enquanto, funciona" [Foucault, 1977, nº 192, p. 160].

Duas figuras são mais particularmente representativas desse novo modo de engajamento: a primeira é a do físico atômico Robert Oppenheimer (1904-1967), que, depois de ter tomado a palavra para advertir contra os perigos atômicos, foi perseguido pelo poder político, não mais em função do discurso geral que mantinha, mas por causa do saber particular do qual passou a ser, a partir de então, detentor. A segunda é a médica psiquiatra Édith Rose que, durante a rebelião da prisão de Toul em 1971, questiona as condições de vida dos presos. Foucault destaca o acontecimento constituído por essa tomada de palavra única na história recente das contestações da prisão:

> Ela não diz: a contenção é um velho costume decorrente, ao mesmo tempo, da prisão e do manicômio [...]; ela diz: tal dia, em tal lugar, eu estava lá, eu vi; em tal momento, fulano me disse... e eu o ouvi; eu fiz tal pergunta; eis o que me foi respondido pelo diretor e disso dou testemunho sob juramento [Foucault, 1971, nº 99, p. 236].

Capítulo II

Regular pela norma: as instituições disciplinares

Questionado, no início dos anos 1970, sobre a *História da loucura* [1961] e o *Nascimento da clínica* [1963], Foucault se distancia, com seus trabalhos de filosofia sobre a loucura ou as doenças mentais, de Karls Jaspers ou de Pierre Janet. Diferentemente desses dois filósofos-médicos, Foucault diz ter tentado empreender análises sociológicas e buscar, finalmente, saber se não havia

> nas diferentes atividades que integram o sistema social e mesmo naquelas que são menos visíveis, mais ocultas e mais discretas, algumas das escolhas originais mais fundamentais para nossa cultura e nossa civilização [Foucault, 1971, nº 82, p. 108].

Em vez de ir, como um leitor clássico do social, das normas às instituições, Foucault parte da singularidade das técnicas de poder que atravessam as instituições para tentar delimitar, o mais exatamente possível, a constituição dos sujeitos excluídos de nossa racionalidade e entender como normas específicas foram generalizadas para o todo do corpo social.

As análises "sociológicas" das instituições que Foucault tem a intenção de fazer são para ele, de início, uma maneira de avaliar os múltiplos vínculos existentes entre o campo do poder e o campo do saber. Trata-se de, ao mesmo tempo, definir as linhas de divisão dos diversos poderes, bem como seus desafios principais, mas também de questionar como, em nossa sociedade, os efeitos de verdade de uma ciência — como a psiquiatria, a medicina, ou o direito — têm ao mesmo tempo efeitos de poder.

Loucura e desrazão, a história de um diálogo interrompido

Foi em maio de 1961, diante de uma banca composta por Henri Gouhier, Georges Canguilhem, Jean Hyppolite e Daniel Lagache, que Foucault defendeu na Sorbonne sua tese de doutorado, intitulada *Loucura e desrazão, história da loucura na idade clássica*. Uma pesquisa que tem como meta desvendar a relação que as sociedades ocidentais modernas mantêm com a loucura, reconstituindo o conjunto de "táticas de divisão [que] servem de quadro para a percepção da loucura" e identificando o conjunto das operações que permitem dizer "aquele é um louco" e analisar a experiência histórica "segundo as linhas da valorização e da exclusão" [*HDF*, p. 93].

Três níveis de análise se articulam na obra:

— na sequência dos trabalhos de Bachelard e de Canguilhem, Foucault busca fazer uma história dos gestos pelos quais uma cultura exclui parte de si mesma. Trata-se de entender por que, no século XVII, a cultura clássica rompe com a assignação medieval da loucura, decidindo exilá-la em um aprisionamento moral. Nesse sentido, Foucault não faz uma história do nascimento da psiquiatria, mas dos diferentes discursos que o Ocidente desenvolveu sobre a loucura, da Idade Média até Freud, aquele que, por primeiro, soube dar voz aos loucos, até então reduzidos ao silêncio, atenuando, ao mesmo tempo, a polarização entre "razão" e "desrazão" constitutiva do pensamento ocidental moderno;

— essa história da loucura se apresenta, ao mesmo tempo, como uma reflexão filosófica e antropológica sobre as noções de interdito e de transgressão. Leitura que obriga

Foucault, dessa vez no prolongamento de Nietzsche, Bataille e Artaud, a levantar algumas pilastras epistemológicas importantes acerca da maneira de entender o funcionamento de uma sociedade a partir de seus limites e de suas margens;

— por fim, Foucault esboça uma crítica política de nossa modernidade a partir do processo de exclusão radical da sociedade do qual o louco foi vítima ao término da idade clássica. Se a loucura é da ordem de uma decisão cultural, é forçoso constatar que a razão, sustentada pela filosofia das Luzes, é profundamente injusta ao tomar formas e atitudes contrárias a sua vocação primeira, que é produzir a felicidade e a liberdade dos indivíduos e das coletividades. Ao contrário, a modernização das sociedades ocidentais é abordada por Foucault como uma intensificação da potência de diversas sujeições que têm por função retomar, por sua conta, a interioridade do indivíduo para mais bem devassá-lo e dele fazer um objeto.

Do "grande confinamento" à psicanálise freudiana

Visto em um horizonte social e moral, o enclausuramento dos loucos ao final da idade clássica acompanha o de outros desviantes. Entre 1657 e 1676, a experiência da loucura se exprime institucionalmente por meio de uma política de isolamento, de um "grande confinamento" que, evoca Foucault, amalgama abusivamente em uma mesma instituição, o "Hospital Geral", todos aqueles que, de um modo ou de outro, representam entrave para o estabelecimento da nova ordem social burguesa. Juntamente com o libertino, o alcoólatra e o vagabundo, o louco é uma das figuras tidas como incapazes de se adaptar aos valores de uma sociedade que erige o trabalho como valor supremo e que, em troca, decide banir toda forma de ócio do espaço social. O processo de medicalização da loucura descrito à época por Foucault é exemplar de seu método arqueológico: um saber científico, uma dinâmica socioeconômica e uma organização institucional se estruturaram conjuntamente, algo que traz como consequência a produção de todo um campo de efeitos entre jogos de verdade e relações de poder.

Essa primeira ruptura demarcada entre o polo da loucura e o polo da razão, que assumiu a forma de um enclausuramento sistemático dos "associais" [*HDF*, p. 92] e que teve como consequência repelir a loucura para o lado do erro e do negativo, volta a ser praticada um século mais tarde nas reformas filantrópicas de Philippe

Pinel (1745-1826) e de Samuel Tuke (1784-1857). As reflexões deles a respeito da loucura levarão a psiquiatria a recorrer ao tratamento moral e a reverter a ideia, comumente aceita, de uma loucura inteiramente culpável, sobre a qual o médico não podia, por definição, ter nenhuma ação terapêutica. Pinel responsabiliza o louco por aquilo que, em sua loucura, vem perturbar a ordem moral. Essa alienação segunda cria um espaço a partir do qual o psiquiatra pode fazer atuar o conjunto das práticas psicológicas postas à sua disposição. A partir de então, e assumindo definitivamente um sentido médico, a loucura, que foi transformada em "doença mental", não pode mais ser curada, a não ser no manicômio, convertido numa medicalização completa da loucura:

> O manicômio da era positivista [...] é um espaço judiciário onde se é acusado, julgado e condenado e do qual alguém só se liberta pela versão desse processo na profundeza psicológica, ou seja, pelo arrependimento. A loucura será punida com o manicômio, mesmo que seja inocentada fora dele [*HDF*, p. 522-523].

Panóptico antecipado, o novo manicômio que Esquirol, discípulo de Pinel, torna obrigatório em cada departamento francês a partir de 1838, é pensado como um lugar de infantilização, de punição e de responsabilização, onde se ensina o louco a viver com sua loucura:

> Tudo é organizado para que o louco se reconheça nesse mundo do julgamento que o envolve por todos os lados; ele tem de se saber vigiado, julgado e condenado; da falta à punição, o vínculo deve ser evidente [*HDF*, p. 521].

Essas observações de Foucault sobre as condições de surgimento e de desenvolvimento da doença mental vão lhe dar a oportunidade de operar uma primeira defesa teórica e metodológica da psicanálise freudiana diante das derivas psicologizantes, que esqueceram o golpe de gênio de Freud, que foi o de se desvencilhar do horizonte evolucionista para alcançar a dimensão histórica do psiquismo humano. Mesmo elogiado por ter libertado o doente da existência asilar e por ter feito ressurgir a possibilidade de diálogo com a desrazão, Freud é criticado por ter, ao mesmo tempo, esvaziado a linguagem da loucura de seu sentido ao tentar articulá-la com um processo terapêutico rígido, retomando assim o essencial das antigas estruturas que organizam o manicômio para concentrá-las na figura onipotente do terapeuta, a quem a fala deve ser dirigida.

Foucault opera um deslocamento ainda mais significativo quando se trata da legitimidade do discurso psicanalítico nos anos 1970. Em *A vontade de saber* [1976], a psicanálise é lida como uma simples tecnologia de normalização da sexualidade, que incita os indivíduos a dizerem tudo sobre suas práticas e seus pensamentos, reconstituindo, em seu funcionamento, o ritual secular da confissão diante de um tribunal ou da confissão enquanto rito religioso católico. Desse modo, observa Foucault, Freud relança

> com admirável eficácia, digna dos maiores mestres e diretores espirituais da época clássica, a injunção secular de ter de conhecer o sexo e de discursivizá-lo [*A vontade de saber*, p. 210].

A história da loucura *perante os historiadores*

Acolhida com entusiasmo pela revista dos *Annales* nas resenhas de Fernand Braudel e de Robert Mandrou [Mandrou, 1962], a *História da loucura* é a perfeita ilustração da tentativa de uma psicologia histórica que Lucien Febvre tinha em mente em sua época. É por ter pensado o enclausuramento como complexo simultaneamente social e cultural e por ter demonstrado como a sociedade moderna se caracteriza por seus lugares de enclausuramento e seus modos de exclusão que Foucault passa a ser imediatamente considerado como um historiador de pleno direito. É evidente, acrescenta ele em 1971,

> que a maneira de internar os loucos, de diagnosticá-los, de tratar deles, de excluí-los da sociedade ou de incluí-los em um lugar de enclausuramento

era decorrência de estruturas sociais, de condições econômicas, tais como o desemprego, a necessidade de mão de obra [Foucault, 1971, nº 85, p. 159].

Uma identificação também assinalada por Roland Barthes em seu relatório [Barthes, 1961].

A obra é rapidamente relacionada com outras análises provenientes das ciências sociais, como *Manicômios, prisões e conventos*, de Erving Goffman [1961 (2003 para a edição brasileira)], que visam realizar uma crítica dos lugares de enclausuramento. Os dois livros são lidos em uma perspectiva de relativa complementaridade pelos teóricos da antipsiquiatria e, segundo Franco Basaglia, trata-se de fazer explodir a ideologia do hospital como máquina de tratamentos e fantasma terapêutico, mostrando como ele é, em princípio, o lugar onde a sociedade nega suas próprias contradições, querendo se reconhecer a todo custo como sociedade sã. Enquanto *Manicômios, prisões e conventos* faz uma descrição do funcionamento cotidiano da instituição psiquiátrica, mostrando como ela se origina em um processo mais geral de normalização dos indivíduos, a abordagem de Foucault permite fazer surgir a ideologia oficial da psiquiatria. É diante dessa aproximação explícita que Majastre [1972] decide, por exemplo, observar o funcionamento cotidiano de uma instituição psiquiátrica, interessando-se pela transformação das técnicas e pelo impacto das inovações especializadas. Existem grandes contradições entre o que o pessoal médico pretende fazer e o que esse mesmo pessoal faz efetivamente na prática. E ainda, ao focar na rotina prisional e na vida no interior do manicômio, trata-se para Majastre de descrever tudo o que rodeia o poder objetivante da psiquiatria. Por fim, o caráter paradoxal do hospital psiquiátrico vem à tona: trata-se de uma instituição especializada no enclausuramento, na custódia de indivíduos e no controle de seus modos de vida. Quando se trata de dar uma origem arquitetônica às relações de poder ou de mostrar que, por trás das práticas de tratamento as mais diversas, existem intenções morais, redentoras, até mesmo purificadoras, a contribuição de Foucault é absolutamente fundamental [Defert, 2009].

Robert Castel também foi muito influenciado por essa leitura paralela de a *História da loucura* e *Manicômios, prisões e conventos*, embora enfatizasse a existência de fundas diferenças entre a abordagem sociológica de Goffman e a abordagem, mais genealógica, de Foucault. Enquanto Goffman soube abrir a abordagem sociológica às formas mais complexas da intervenção institucional sobre os indivíduos, o manicômio de que fala Foucault em 1961 passa a imagem de uma instituição separada e fechada sobre si mesma, que priva todos os que entrem ali de qualquer parcela de liberdade [Castel, 2004]. Por sinal, é essa a imagem que Foucault tenta modificar no início dos anos 1970 em seu curso no Collège de France, intitulado *O poder psiquiátrico* [2003], quando indica que o manicômio é inicialmente um dispositivo arquitetônico no qual se operam todas as táticas de poder, de dominação e de sujeição amplamente diferenciadas. Não se trata mais, como em 1961, de fazer uma história das representações e da percepção da loucura, e sim de uma análise do dispositivo do poder psiquiátrico propriamente dito, na medida em que ele funciona como uma instância produtora de enunciados, de discursos, de representações da loucura [*O poder psiquiátrico*, p. 14-18]. Foucault ainda aproveita para tomar distância das abordagens antipsiquiátricas, por ele consideradas, em muitos pontos, muito fortemente vinculadas à questão da repressão e da violência. Abordagens críticas que carecem daquilo que parece então essencial a seus olhos para entender como a psiquiatria funciona enquanto sistema de poder/saber: a questão da relação entre psiquiatria e verdade.

Em muitas ocasiões, Foucault admite a existência de um vínculo entre seus primeiros trabalhos e uma leitura sociológica da instituição, na medida em que, é ele quem toma o cuidado de acrescentar, ela busca balizar algumas das escolhas originais de nossa cultura e de nossa civilização. É no final dos anos 1970 que ele vai, ao contrário e sistematicamente, buscar dissociar suas análises desses empreendimentos sociológicos, entre os quais o de Goffman:

> Disseram que eu estava tentando fazer a mesma coisa que Erving Goffman em sua obra sobre os manicômios, a mesma coisa, mas bem menos. Não sou um investigador em ciências sociais. Não tento fazer a mesma coisa que Goffman. Ele se interessa, sobretudo, pelo funcionamento de determinado tipo de instituição: a instituição total, o manicômio, a escola, a prisão. Por minha vez, tento mostrar e analisar a relação existente entre um conjunto de técnicas de poder e de formas: formas políticas como o Estado e formas sociais.

O sociólogo buscaria entender apenas o funcionamento do poder disciplinar que, esclarece Foucault, é apenas uma forma possível das relações de poder. Em última instância, o que o distingue dessa abordagem é mais profundo:

> Meu trabalho não tem como objetivo uma história das instituições ou uma história das ideias, e sim a história da racionalidade tal qual ela opera nas instituições e no comportamento das pessoas. [...] Meu problema não é mover um processo contra a razão, mas determinar a natureza dessa racionalidade, que é tão compatível com a violência [Foucault, 1980, nº 280, p. 38].

Antipsiquiatria

É a partir de reflexões produzidas por profissionais da psiquiatria inglesa, entre os quais David Cooper e Ronald Laing, bem como de Franco Basaglia, principal figura do movimento italiano, "Psichiatria Democratica", que os três princípios básicos da antipsiquiatria se afirmam: sociogênese estrita da doença mental; denúncia da medicalização das patologias, do uso das terapias químicas e de eletrochoques; crítica do manicômio como forma de enclausuramento. Três princípios igualmente partilhados, na França, pelo movimento "desalienista", cujos principais representantes são Roger Gentis, Jean Oury e Horace Torrubia.

Nessa orientação contestatária, é preciso destacar o importante papel desempenhado pelo "Grupo de Trabalho de Psicoterapia e de Socioterapia", animado por Félix Guattari, grupo que está na origem do CERFI (Centre d'Études, de Recherches et de Formation Institutionelles = Centro de Estudos, de Pesquisas e de Formação Institucionais) e da revista *Recherches*, à qual Foucault estará ligado por um tempo [Mozère, 2004].

Para o conjunto dessas correntes, a loucura é vista como um fenômeno de exclusão social representativo de certo modo organizacional da sociedade. Para elas, trata-se principalmente de denunciar nossa sociedade, suas desigualdades (escolares, de lazer, de liberdades), bem como seu funcionamento autoritário e repressivo como verdadeira causa da loucura.

A *História da loucura* vai ser considerada, no final dos anos 1960, como um verdadeiro manifesto para essas diversas abordagens anti-institucionais, primeiramente porque Foucault defende a ideia de que o louco cai necessariamente em uma situação mais grave de alienação a partir do momento em que é encerrado e excluído da vida social, mas também porque ele demonstra que existe uma correlação histórica entre a estrutura econômica e as formas de assistência e de tratamento específicas das sociedades ocidentais. Esse lugar de Foucault também é decorrência do fato de que, em consequência da experiência do GIP, entre 1971 e 1973, tornou-se possível outra crítica do "hospital psiquiátrico" e de suas regras de funcionamento, tirando o véu dos aspectos mais sombrios da instituição, do ponto de vista daqueles que viveram o internamento psiquiátrico.

Aliás, são essas teses "políticas" que alguns psiquiatras, entre os quais Henri Ey, não poderão aceitar, recusando aderir a todo discurso que apresente a psiquiatria como instrumento de repressão social e do psiquiatra como cúmplice da sociedade na defesa da normalidade que essa mesma sociedade busca impor aos indivíduos. Henri Ey chegará até mesmo a qualificar a posição de Foucault como um "psiquiatricídio" [Ey, 1971].

Mesmo que a análise foucaultiana dos processos de controle pareça válida para as sociedades históricas, será que ela permite dar conta dos mesmos processos nas sociedades modernas? Os principais críticos da *História da loucura* puderam observar, por exemplo, que os modos de intervenção da psicanálise ou da psiquiatria sobre os indivíduos e sobre o social se tornaram claramente mais flexíveis. O exemplo da setorização do meio psiquiátrico, que se generaliza no início dos anos 1960 na França, é um bom exemplo da diluição dos modos de intervenção da psiquiatria. Mas isso seria esquecer que, para Foucault, é outra coisa que está em jogo por trás dessa aparente abertura da setorização dos tratamentos, a saber, "outro modo, mais flexível, de fazer a medicina mental funcionar como um higienismo público, presente em tudo e sempre pronto a intervir" [Foucault, 1977, nº 202, p. 274]. O setor confirma, sobretudo, uma inversão do modelo clássico de saúde, visto que não é mais o doente que procura os serviços de saúde, mas o médico que vai ao encontro do doente, tentando organizar uma resposta terapêutica que leve em conta seu ambiente social [Golse, 2001].

Ao mesmo tempo em que Foucault foi, em um primeiro momento, elogiado por ter indicado aos historiadores certa liberdade metodológica, pelo fato de propor novos cortes cronológicos ou de escolher analisar documentos e arquivos considerados até então como secundários, muitos não lhe perdoarão nem sua visão romanesca da Idade Média, nem sua concepção idealista e romântica da loucura, nem a articulação que ele tenta propor entre a exclusão da loucura e a progressiva racionalização da sociedade ocidental desde a época das Luzes [Habermas, 1988]. A *História da loucura* vai receber críticas recorrentes provenientes de especialistas na história da instituição psiquiátrica, especialmente acerca da escolha das fontes utilizadas por Foucault, consideradas lacunares, e, sobretudo, o tipo de leitura dessas fontes que ele propõe [Quétel, 2009; Scull, 2006].

E uma crítica completamente diferente foi formulada pela psiquiatra Gladys Swain e pelo filósofo Marcel Gauchet, no início dos anos 1980, em *La Pratique de l'esprit humain [A prática do espírito humano]*. Os dois autores propõem uma completa inversão da hipótese central de Foucault, retomando o papel desempenhado por Pinel no episódio da libertação das "loucas" da Salpêtrière. Enquanto, para Foucault, o gesto libertador de Pinel reconduz ao interior do manicômio, a um novo recalque da loucura, para Swain e Gauchet esse mesmo gesto inaugura uma época na qual, pela primeira vez, o isolamento da loucura vai modificar positivamente nossa relação com ela, tornando manifesta a capacidade dos alienados de viverem em meio aos demais. O manicômio não foi um instrumento repressivo e segregador; na verdade, "longe de ter servido apenas para manter os loucos à distância, ele modificou os dados de sua condição e os termos de seu estatuto. [...] Paradoxo do isolamento, o manicômio separou o louco do resto do mundo [...], mas ele saiu de seu enclausuramento em si mesmo, de seu fechamento pessoal, de sua inacessível alteridade, para ser reconduzido ao espaço aberto e multidimensional da coexistência" [Swain & Gauchet, 1980/2008, p. 167-168].

O manicômio projetado por Pinel é uma instituição que facilita a integração do louco e sua consideração como doente de pleno direito nas sociedades democráticas nascentes. Como esclarece Gauchet, por ocasião da reedição de *La Pratique de l'esprit humain*, Foucault cometeu erros de interpretação histórica que o obrigaram a seguir até o fim de sua tese o fio condutor da exclusão e a dar ao alienismo "a feição de uma dependência um pouco mecanicamente deduzida da ideia de grande confinamento. [...] Isso era fechar impecavelmente o cenário, mas também era dizer muito pouco do teor dos textos" [Swain & Gauchet 1980/2008, p. 28-29].

Da arqueologia da experiência médica à crítica do processo de medicalização

No decorrer dos últimos séculos, a medicina passou por uma grande transformação, simultaneamente política e ideológica, de grande amplitude. Ela teve reconhecido um lugar privilegiado no aparelho de Estado e se imiscuiu cada vez mais profundamente na existência dos indivíduos, participando, especialmente, da construção de novos quadros normativos, mas, sobretudo, contribuindo para a invenção de um novo dever, o dever de ter boa saúde. As observações de Foucault acerca do processo de medicalização incidente sobre as sociedades ocidentais são uma oportunidade para entender por que, em quais condições e a que custo as exigências em termos de saúde, de "bem-estar", de controle da aparência corporal, de conforto sexual, de desempenhos esportivos e escolares se impõem hoje como evidências. É também a partir dessa crítica à evolução da medicina que Foucault questiona a evolução da sociedade, pondo em discussão especialmente a natureza e a função dos dispositivos disciplinares. A produção médica também é vista como um processo ininterrupto e restritivo, que engendra uma ordem social e regulamenta nossas rotinas mais cotidianas.

Escrito, como lembra Foucault, com as "sobras" da *História da loucura*, *Nascimento da clínica* [1963] também pode ser lido como uma história daquilo que nossa sociedade exclui enclausurando. Nesse livro, Foucault aborda o conjunto dos "gestos" pelos quais a doença foi nomeada, isolada, demarcada e administrada a partir de finais do século XVIII [*Nascimento da clínica*, p. 14]. Escrito na posteridade das pesquisas de Canguilhem [1943] sobre o normal e o patológico, esse livro de epistemologia histórica consiste em uma análise da evolução das condições de possibilidade de um discurso científico sobre a vida e o vivente na última década do século XVIII, a partir de uma crítica ao funcionamento das instituições de tratamento, cuja função é contribuir com o governo geral das populações. Mais exatamente ainda, trata-se, para Foucault, de entender o que acontece na relação médico-doente: em última instância, como é que se passou da pergunta "o que você tem?", feita antes do nascimento da clínica, para "onde está doendo?"

Sua "arqueologia" da experiência médica moderna ainda se questiona sobre a transformação da antiga medicina das nosologias, que via o corpo negativamente, a ponto de apagá-lo da relação terapêutica, em uma medicina anatomoclínica que, por meio da dissecção dos corpos, possibilitou a Bichat e a Broussais relativizar o conceito de morte em medicina. Ela não é mais "a grande ameaça sombria na qual se abolem o saber e a habilidade do médico", mas uma nova possibilidade de exercício [*Nascimento da clínica*, p. 149].

Outros fatores participam dessa recomposição geral dos saberes sobre o vivente, ao final do século XVIII, entre os quais a filosofia vitalista, ou até as numerosas tentativas de reorganização arquitetônica dos hospitais, que Foucault toma como prova da focalização política, social e econômica dessa sociedade rumo a um projeto de sociedade resolutamente higienista. No século XVIII, a medicina é exercida de maneira móvel e constante, tal como uma "polícia" concreta do território [*Nascimento da clínica*, p. 31]. É, recorda ainda Foucault, para encontrar uma solução para a recorrência das epidemias que novos procedimentos de vigilância das populações são estabelecidos. Essa saída dos médicos para fora do hospital tem efeitos bem reais sobre o saber médico em seu conjunto: doravante, as antigas doutrinas etiológicas passam a levar em conta a questão do "meio" como real origem das doenças. Esse novo conceito permite abordar o espaço, no caso, o espaço urbano, em função do aleatório que se apresenta sob a forma de acontecimentos específicos [Canguilhem, 1965].

Cada vez mais envolvida na organização das cidades, essa medicina do corpo social, que assume no século XIX o nome de salubridade, participa ativamente do controle das condições de vida das populações, da higiene pública, da alimentação, da habitação e do planejamento urbano. Uma nova atenção à salubridade pública, que não se traduziu exclusivamente nos termos de uma intervenção cada vez mais assegurada pelo Estado. Como Foucault esclarece, as questões de saúde são, então, assumidas por um grande número de instituições: pelas sociedades de filantropia, pelas associações de beneficência e, talvez em primeiro lugar, pela família, que, no final do século XIX, vem a ser um ponto de apoio fundamental para as grandes manobras estatais, especialmente no que se refere às questões vinculadas à sexualidade.

O processo de medicalização e sua crítica

No início dos anos 1970, Foucault retoma a questão do processo de medicalização e, sobretudo, de seu desenvolvimento no interior de vários espaços sociais dos quais antes se encontrava ausente. Ele percebe uma evolução duplamente perversa desse processo, visto que,

> quando queremos recorrer a um campo que acreditamos ser exterior à medicina, damo-nos conta

> de que ele foi medicalizado. E quando queremos objetar à medicina suas fraquezas, seus inconvenientes e seus efeitos nocivos, isso se faz em nome de um saber médico mais completo, mais refinado e mais difuso [Foucault, 1976, nº 170, p. 51].

Essa extensão da medicalização é um poderoso revelador dos muitos problemas conexos às questões de saúde nas sociedades contemporâneas, especialmente nas relações complexas que a instituição médica mantém com as esferas política e econômica, particularmente nas pesquisas de rentabilidade e de produtividade dos sistemas de tratamento. Para Foucault, nosso sistema de tratamento formou-se mais exatamente com base em três matrizes distintas: uma "medicina estatal", uma "medicina urbana" e uma "medicina da força de trabalho". Se a primeira se define pela organização estatal do saber médico, pela normalização da profissão médica e pela subordinação dos médicos a uma administração, a segunda tem como tarefa resolver os problemas decorrentes da urbanização, enquanto a última se ocupa especificamente do "controle da saúde e do corpo das classes necessitadas, para que elas estejam mais aptas para o trabalho e sejam menos perigosas para as classes abastadas" [Foucault, 1977, nº 196, p. 227].

Para apreender melhor a especificidade dessa definição do processo de medicalização e, mais especialmente, a maneira com que algumas instituições, e alguns "dispositivos", orientam os indivíduos em torno de novas normas, é necessário retomar os outros discursos críticos que, desde o término dos anos 1950 na França, contestaram tanto a ideologia quanto o funcionamento da instituição médica.

Essas críticas foram encampadas tanto por profissionais da saúde — que enfatizaram especialmente a degradação de suas condições de trabalho e a perda de autonomia de sua profissão — como por usuários — que tentaram, ao contrário, exprimir seu mal-estar diante das práticas médicas, cada vez mais "desumanizadas". É preciso acrescentar ainda uma crítica mais técnica ao hospitalocentrismo, que muitos consideram muito orientado para o estudo de casos complexos, em detrimento dos problemas cotidianos de saúde [Charpentier, 1977; Péquignot, 1963; Hartzfeld, 1963; Bert, 2009]. As próprias ciências sociais também se encarregaram dos problemas ligados à evolução do mundo hospitalar: financiamento da saúde, esquema para pagamento dos médicos, margem de liberdade dos pacientes na escolha do médico, margem de liberdade dos médicos em matéria de prescrição médica, grau de autonomia dos pacientes na parte que devem assumir nos processos de tratamento que lhes dizem respeito, sem esquecer também as condições de acesso aos tratamentos ou a questão do consumo excessivo de medicamentos, que parece ser consequência direta das frustrações e do sentimento de exclusão da saúde que os grupos sociais mais populares sofrem cotidianamente [Polack, 1971; Dupuy & Karsenty, 1974]. Luc Boltanski, por sua vez, tentou demarcar as consequências das relações de classes na determinação do consumo de remédios, bem como na atenção que os indivíduos dispensam a seus corpos em situação de confronto direto com a doença. Ele marca uma correspondência entre o uso que os indivíduos fazem de seus corpos, uso percebido como "natural", e a cultura do grupo ao qual eles pertencem. Ao questionar as práticas médicas, e mais particularmente a relação que os médicos mantêm com as doenças funcionais, o sociólogo apresenta a prova de uma desigualdade de classes diante das sensações físicas: "A atenção que os indivíduos dão a seus corpos, ou seja, por um lado a sua aparência física, agradável ou desagradável, e por outro a suas sensações físicas, de prazer ou de desprazer, aumenta na proporção em que alguém sobe na hierarquia social e em que diminui a resistência física dos indivíduos, que é a mesma resistência que eles são capazes de opor a seus corpos e a sua força física [...]" [Boltanski, 1971]. Boltanski atribui muita importância ao momento privilegiado da consulta. Realmente, é nesse momento que se revela o poder médico: pacientes e médicos são destinados a posições impostas por sua pertinência social, que a prática da auscultação duplica. O médico detém o monopólio da fala verdadeira ao identificar o teor das sensações mórbidas do paciente, mas, sobretudo, ao proferir enunciados prescritivos, ele ordena ao doente que aja de determinada maneira. Como o descrevera Foucault em *Nascimento da clínica*, a auscultação se inicia sempre por um interrogatório feito ao paciente. Esse é o momento em que o "sujeito" doente, posto sob o controle da autoridade do médico, se torna um "objeto" que se pode classificar e triar segundo seu grau de normalidade.

Foucault e a sociologia médica

A utilização de Foucault em sociologia médica é posterior à análise do poder que ele elabora em *A vontade de saber*, na qual destaca as lacunas das análises anteriores que miravam o poder em termos de dominação de um grupo sobre outro. Sua perspectiva resolutamente "microfísica" parece oferecer aos sociólogos que trabalham com instituições de tratamento um novo modelo de investigação, capaz de descrever os laços que se criam entre a sociedade e a instituição (médica, penitenciária, manicomial...), sem nem por isso reduzir a instituição a uma unidade autônoma, isolada da sociedade e de suas evoluções. A abordagem microfísica permite desconsiderar a instituição como uma simples correia de transmissão que faria apenas repercutir, mecanicamente, as decisões políticas e os valores culturais externos — uma espécie de aparelho ideológico e repressivo, para retomar a terminologia de Louis Althusser [1970].

Outro importante uso de Foucault no campo da sociologia médica é ter permitido descrever a medicina como um destacado agente do controle social, especialmente por meio de sua implicação na designação dos novos perigos em que a sociedade pode incorrer. A medicina moderna, ao levar em conta fatores de risco, realmente abriu a possibilidade de uma redefinição do espaço social em termos de ambiente portador de perigos, ampliando assim a gama dos controles e reforçando a marcação potencial de todo indivíduo [Zola, 1992; Skrabanek, 1995; Jorland, 2010]. Como lembra Foucault, o acesso cada vez mais fácil à medicina fez os indivíduos entrarem na era do risco médico e do cálculo necessário entre as consequências positivas e negativas dos "tratamentos":

> Atualmente, com as técnicas de que a medicina dispõe, a possibilidade de modificar a estrutura geral das células não afeta apenas o indivíduo ou

sua descendência, mas a espécie humana como um todo; é o conjunto do fenômeno da vida que se encontra doravante situado no campo de ação da intervenção médica [Foucault, 1976, nº 170, p. 48].

Um uso particular: Ivan Illich e a nêmesis médica

Ivan Illich (1926-2002) também apresenta uma imagem sombria do processo de medicalização, demonstrando como a medicina moderna, por seu funcionamento, criou uma sociedade pansanitária na qual os médicos são obrigados a ampliar incessantemente as prerrogativas do aparelho hospitalar e médico, suas competências, bem como sua capacidade de controlar seus pacientes e o conjunto da vida social, empurrando, nesse caso, alguns grupos para o superconsumo de remédios. Ao acumular poder e influência, o sistema médico moderno provoca, acelera e multiplica os efeitos iatrogênicos sobre os pacientes, que são patologias induzidas pelo próprio tratamento. Esse paradoxo é um dos vários aspectos daquilo que Illich classifica de nêmesis industrial, na qual o indivíduo, pelo conjunto de suas necessidades cotidianas, tornou-se tributário de aparelhos institucionais que escapam a seu controle e fazem aumentar dependências e frustrações. As sociedades modernas estão em face de uma nova forma de medicalização do "mal-estar", pela qual, muito frequentemente, os indivíduos perdem sua autonomia e sua capacidade de ação. Eles se tornam "pacientes" na primeira acepção do termo e são constrangidos a se remeterem àqueles que sabem, quer dizer, aos médicos. O caso da medicina lhe parece exemplar para poder entender o que uma expansão descontrolada de um sistema produz, a saber, uma inversão de situação, um fenômeno chamado "contraprodutividade paradoxal", no qual "a cada aumento do produto corresponde um afastamento do objetivo, o que desencadeia uma reduplicação do esforço" [Illich, 1975, p. 93]. Para sair desse círculo vicioso, Illich preconiza passar pela desprofissionalização. Efetivamente, nenhum grupo de usuários, nenhuma solução política, nem mesmo a abolição do monopólio dos médicos em matéria de saúde e de doença lhe parecem suficientes para que seja reconhecida aos leigos a capacidade de tomarem conta de si mesmos. Um projeto que ele defende a partir de algumas conclusões de *Nascimento da clínica*, especialmente quando Foucault demonstra a existência de uma correlação entre os três poderes: econômico, político e médico. Mais que um desaparecimento da medicina institucionalizada, é preciso entender com o termo "desprofissionalização" utilizado por Illich uma tomada de posição "contra a mistificação do público, contra a cooptação no interior de um corpo que se instituiu a si mesmo como curador, contra a defesa pública de uma corporação médica e de suas instituições" [Illich, 1975, p. 169].

Foucault retomou o acerto dessa proposição, lembrando que a resposta ao processo de medicalização não pode ser reduzido a uma "obrigação" de os indivíduos contraporem ao poder médico sua livre disposição de si mesmos. A solução não pode estar em um retorno a uma "espécie de higiene natural, de bucolismo paramédico". Ao contrário, trata-se de questionar

> o modelo de desenvolvimento da medicina a partir do século XVIII, isto é, quando se produziu o que poderíamos chamar de a "decolagem" da medicina. [...] São exatamente essas formas específicas da decolagem que levam hoje a uma crise. A questão se põe nos seguintes termos:
> (1) qual foi o modelo de desenvolvimento?
> (2) em que medida podemos corrigi-lo?
> (3) em que medida ele pode ser atualmente utilizado nas sociedades ou nas populações que não conheceram o modelo de desenvolvimento econômico e político das sociedades europeias e americanas? [Foucault, 1976, nº 170, p. 44].

Esse verdadeiro programa de pesquisa, que leva em conta certa realidade sociológica das coisas, é, em vários pontos, muito mais radical que as posições de Illich ou aquelas defendidas então pela vulgata de extrema esquerda diante da qual, por sinal, Foucault se diverte em tomar contrapé, afirmando, no caso da medicina que

> com o capitalismo, não se passou de uma medicina coletiva para uma medicina privada, [...] foi exatamente o contrário que se produziu [Foucault, 1977, nº 196, p. 209].

Do bom uso da prisão

Vigiar e punir. Nascimento da prisão, publicado em fevereiro de 1975, surge em um contexto pós-1968 fortemente marcado por múltiplas formas de contestação nas universidades e nos liceus (movimento dos liceanos em 1973), mas também por movimentos sociais nas empresas e no mundo rural (Lip em 1973) e por novas formas de engajamento que veem intelectuais, militantes e franjas das classes populares convergindo (Comitê Djellalli em 1971).

Nessa mesma época, Foucault também está fortemente marcado por seu envolvimento com o GIP (entre 1971 e 1973). Seus primeiros cursos no Collège de France, entre os quais *Teorias e instituições penais* [1971-1972] e especialmente *A sociedade punitiva* [1972-1973], elegem também como objeto a exploração das modernas tecnologias de poder a partir da gênese da prisão, gênese sinuosa e complexa. É nesse curso que ele estabelece, pela primeira vez, a grande controvérsia presente no núcleo de *Vigiar e punir*: por que o encarceramento, a detenção — quando se sabe que esse sistema manifesta várias disfunções, especialmente no que diz respeito à reprodução da delinquência — são tidos como preferíveis? Por que é que a prisão surge no início do século XVIII como uma instituição de fato sem justificação teórica? Ela não apenas estava prevista no programa do século XVIII, como, sobretudo, a legislação penal vai sofrer uma formidável inflexão comparativamente ao que fora estabelecido na teoria.

Uma nova arte de punir

Foucault retoma, em *Vigiar e punir*, todas as histórias clássicas da pena e da prisão de modo reverso, demonstrando como essa instituição, desde sua origem, esteve ligada a um projeto mais global de transformação dos indivíduos. Efetivamente, uma das preocupações de Foucault é se desviar de toda a área problemática do direito e evitar cuidadosamente afrontar o momento dogmático da produção das prisões: "A prisão não é filha das leis, nem dos códigos, nem do aparelho judiciário" [*Vigiar e punir*, p. 314]; "ela provém mesmo — dos mecanismos próprios de um poder disciplinar" [*Vigiar e punir*, p. 259].

A história da prisão é, inicialmente, a história das transformações que afetam a penalidade: torturas em praça pública executadas pelo disciplinário, práticas de administração da justiça penal do Antigo Regime por ocasião do nascimento dessas formas de coerção e de controle social disciplinar simultaneamente menos visíveis e consideradas por muitos reformadores como menos cruéis. De acordo com *Punishment and Social Structure*, de Rusche e Kirchheimer [1939], Foucault reafirma que é preciso se desfazer "da ilusão de que a penalidade é, antes de tudo (para não dizer exclusivamente) uma maneira de reprimir os delitos" e que é necessário "analisar mais os sistemas punitivos concretos, estudá-los como fenômenos sociais dos quais nem a armadura jurídica da sociedade nem suas escolhas éticas fundamentais conseguem mais dar conta" [*Vigiar e punir*, p. 29].

Vigiar e punir vai contribuir amplamente para desconstruir a centralidade da figura do delinquente nos discursos sustentados pela justiça, demonstrando como, para nossa sociedade, é indispensável perpetuar essa franja de indivíduos, fixando-a como contrapeso à sujeição do restante da população. Em outros termos, a prisão jamais foi um meio de punir melhor, nem mesmo de punir mais humanamente. Sua finalidade é punir com mais universalidade e necessidade.

Ela é a cunha de toda uma nova tecnologia de poder que, juntamente com a escola, o manicômio ou o hospital, tem por função atuar diretamente sobre os indivíduos atribuindo à punição uma função educativa para o conjunto da sociedade. Diante da pergunta sobre as vantagens apresentadas pela delinquência para que uma sociedade a fabrique e a mantenha, Foucault responde sem rodeios em uma entrevista concedida imediatamente após a publicação do livro:

> Sem delinquência, não há polícia. O que é que torna a presença policial, o controle policial toleráveis por parte da população, a não ser o medo ao delinquente? Vocês falam de uma vantagem prodigiosa. A instituição tão recente e tão pesada da polícia só se justifica por isso. Se nós aceitamos em nosso meio essas pessoas uniformizadas, armadas, sem que tenhamos o direito de fazer o mesmo, que pedem para ver nossos documentos, que vêm fazer rondas diante de nossa porta, como isso seria possível se não houvesse os delinquentes? E se não fossem publicados todos os dias nos jornais artigos que nos contam o quanto os delinquentes são muitos e perigosos? [Foucault, 1975, nº 77, p. 31].

Foucault e o controle social

A publicação de *Vigiar e punir* é um grande golpe aplicado à teoria penal dominante nos anos 1970.

Três das contribuições do livro podem ser enfatizadas: uma reconceitualização da pena, a inscrição da penalidade num regime de poder, uma reversão das abordagens da delinquência. Em contrapartida, a questão do controle social, também ventilada por Foucault, foi objeto de alguns usos inadequados.

A problemática da "jurisdição penal", do "encarceramento" e, mais globalmente, do "controle" assume efetivamente importância no discurso foucaultiano a partir de 1972, depois de ele ter participado, com Donzelot e Meyer, de uma mesa-redonda organizada pela revista *Esprit* sobre assistência social. Uma assistência que, para Foucault,

> inscreve-se no interior de uma grande função que, há séculos, não cessa de tomar novas dimensões, que é a função de vigilância-correção [Foucault, 1972, nº 107, p. 331].

Foucault já está tentando adiantar o fato de que as diferentes formas de controle ultrapassam continuamente o quadro das instituições disciplinares para invadir o conjunto do espaço social. Não se trata mais de um "grande confinamento", como na *História da loucura*, mas de um desencaixamento do controle, que se torna cada vez mais invisível e imperceptível. Em *Vigiar e punir*, sua descrição dos muitos controles modernos sob a forma de um "*continuum* carcerário" permite-lhe insistir na extensão e na generalização, nas sociedades contemporâneas, de um princípio de encarceramento generalizado que toma todo mundo, tanto aquele que exerce o poder como aquele que lhe está sujeitado.

Alguns críticos insistiram no fato de que o processo de disseminação do poder disciplinar parecia se dirigir para um alvo predeterminado, com os vários micromecanismos descritos por Foucault se ajustando em uma imbricação piramidal quase perfeita que assegura o controle constante dos indivíduos. Poucos, ao contrário, viram que se tratava muito mais de desvelar e de analisar a comunicação entre diferentes dispositivos disciplinares, que têm por função generalizar no espaço social a função punitiva [Lenoir, 1997; Milburn, 2004; Breuer, 1989].

A tentativa de Foucault também se pretende mais global. Ele não analisa apenas o modo como o controle funciona em lugares e espaços fechados, mas tenta modelizar a maneira como esse controle foi se tornando cada vez mais invisível e imperceptível, dissociando-se das instituições que o viram nascer. O que interessa a Foucault é que o processo de desinstitucionalização permitiu justamente uma nova demarcação da vida cotidiana dos indivíduos por aqueles que ele chama os "juízes da normalidade" (professor, médico, educador, assistente social etc.), cuja função é atualizar a norma em vigor. Assim como ele mostrara uma primeira vez, ao trabalhar em torno do caso Pierre Rivière, *Vigiar e punir* relança a crítica foucaultiana da universalidade do normativo e do processo de controle social que se define por um movimento de ampliação de suas prerrogativas e de suas especializações.

Eu, Pierre Rivière, que degolei minha mãe, minha irmã e meu irmão... (1973)

Para Foucault e sua equipe, composta por Jean-Pierre Peter, Jeanne Favret Saada, Patricia Moulin, Blandine Barret-Kriegel, Phillippe Riot, Alessandro Fontana e Robert Castel, o caso de Pierre Rivière, jovem normando que assassinou violentamente toda a sua família, exceto seu pai, e que narrou seu ato em um relatório, é revelador dos conhecimentos, dos preconceitos, assim como das estratégias utilizadas pela psiquiatria em meados do século XIX para se fazer reconhecer pela justiça penal.

O relato do crime feito por Rivière e a explicação do que o levou a matar com tamanha violência são tomados em uma série de perguntas que vêm exemplificar a relação conflituosa entre saber judiciário e saber médico e normativo. Esse relato põe a nu a plena responsabilidade de Pierre Rivière ou, ao contrário, certa forma de loucura? Matar pássaros, decapitar cabeças de couve-flor, falar e cantarolar sozinho como o fez Pierre Rivière durante sua infância são evidências patentes de loucura ou sinais de uma infância rústica que, retrospectivamente e para o olhar médico, parecem inquietantes? A principal questão que divide os juristas e os psiquiatras é saber se Rivière é um louco que simula sanidade ou um ser razoável brincando de ser louco e, nessas condições, se deve ser punido ou tratado, executado ou internado.

Para Foucault, Pierre Rivière também é a imagem do "homem infame", ou seja, do indivíduo tomado em determinado momento pela máquina administrativa e que é forçado a explicar os próprios atos. Seu crime, insiste Foucault várias vezes em seu texto, não siderou a crônica judiciária de seu tempo e não fez de Rivière uma lenda do crime como Lacenaire. Rivière permaneceu como um personagem insignificante e anônimo [Artières, Bert, Revel *et alii*, 2009].

O relato de Rivière, que compõe a peça central do livro, não é apenas um testemunho sociológico e histórico de importância ímpar; ele é também uma obra poética dotada de um grande poder de perturbar. Depois de cinquenta anos, o texto ainda consegue pôr em crise a instituição psiquiátrica, e Foucault recorda nos comentários que se seguem à estreia do filme sobre Pierre Rivière, dirigido por René Allio em 1976, que os psiquiatras atuais não estão em melhores condições do que seus colegas do século XIX para falar desse caso.

Essa obra coletiva propõe enfim uma expressiva renovação da maneira de escrever a história [Peter, 1991]. A dimensão subjetiva do trabalho histórico é amplamente admitida por Foucault que, sempre em seu texto, tenta não esgotar o crime em uma lógica, seja ela sociológica ou antropológica e histórica. Segundo sua própria expressão, trata-se de tornar o ato de Rivière inassimilável, deixando que ele permaneça "em nossa garganta como uma angústia" [*Eu, Pierre Rivière, que degolei minha mãe, minha irmã e meu irmão...*, 1973].

Um materialismo radical: disciplina, corpo, tempo

História da prisão, *Vigiar e punir* também é uma história dos corpos, cujo começo defende uma hipótese que é preciso verificar:

> Em nossas sociedades, os sistemas punitivos devem ser substituídos por determinada "economia política" do corpo: mesmo que eles não recorram a castigos violentos ou sangrentos, mesmo quando utilizem métodos "suaves" que encarcerem ou corrijam, sempre é do corpo que se trata — do corpo e de suas forças, de sua utilidade e de sua docilidade, de sua repartição e de sua sujeição [*Vigiar e punir*, p. 33].

Antes de agir sobre a ideologia, o poder político se exerceria sobre os corpos, impondo "gestos, atitudes, usos, divisões no espaço" [Foucault, 1974, nº 136, p. 521]. Uma hipótese que Foucault sustenta até o último capítulo de *A vontade de saber* [1976], chegando até mesmo a reivindicar a possibilidade de uma história dos corpos que investigasse "a maneira com que se investiu o que há de mais material, de mais vivo neles" [*Vigiar e punir*, p. 200].

Foucault nunca se limitou a uma análise puramente descritiva das linhas de contato que se tecem cotidianamente entre os corpos e os poderes. Tudo começa em *Vigiar e punir* com o relato do suplício de Damiens, regicida, vergastado, torturado com tenazes em brasa, queimado, esquartejado. Tudo se encerra no isolamento obscuro do universo carcerário. Mesmo aqui se trata de tortura, de humilhação, de privação alimentar, práticas que, para Foucault, são outras formas de punir. Sua leitura "política" das relações sociais na qual o corpo desempenha verdadeiramente o papel de ator e de receptor do político, lugar privilegiado onde se vivem e se sofrem as relações de poder, teve como efeito transformar radicalmente as maneiras de analisar o corpo nas ciências sociais [Bert, 2007].

É na última parte da obra que Foucault analisa pormenorizadamente a invenção dos procedimentos de vigilância penitenciária, escolar e médica, procedimentos sem ideologia que impõem aos indivíduos gestos, atitudes, usos, mas também separações no espaço e que coordenam a sociedade e subjazem à organização do social. O exemplo do serviço militar no século XVIII e da maneira segundo a qual se forma um soldado tentando corrigir sua postura e segundo a qual os recrutas são treinados "a manter a cabeça reta e erguida" [*Vigiar e punir*, p. 159-160] dá a Foucault ocasião de balizar os quatro grandes princípios da "anatomopolítica": essas disciplinas incidem sobre o corpo dos indivíduos, obrigando-os a divisões (encarceramento, jurisdição penal, atribuição de posto funcional, classificação); elas controlam a atividade humana por meio da instalação de uma nova administração técnica do tempo; elas têm por função facilitar a articulação do corpo com os objetos graças à prática repetida do "exercício"; finalmente, elas articulam as três funções anteriores em séries que se ajustam e se completam.

No processo disciplinar, é Foucault ainda quem ressalta, a primeira operação, que é sempre de "dessingularização" (divisão do corpo em unidades distintas e moduláveis), é seguida por um segundo momento, no decorrer do qual trata-se de inserir essas unidades simples em séries mais amplas:

> A disciplina não é mais simplesmente uma arte de dividir corpos, de extrair e de acumular o tempo deles, mas de compor forças para obter um aparelho eficaz. [...] O tempo de uns se deve ajustar ao tempo dos outros, de maneira que a quantidade máxima de forças possa ser extraída de cada um e combinada em um resultado otimizado [*Vigiar e punir*, p. 193].

Contudo, a distribuição espacial das populações que está na base desse sistema não pode realmente funcionar sem que algum domínio do tempo lhe seja associado. Efetivamente, é pela organização do tempo que o poder regulamenta todas as atividades comuns dos homens. O próprio objeto da disciplina é, para Foucault, a composição de uma forma particular de espaço-tempo na qual

> as disciplinas que analisam o espaço, que decompõem e recompõem as atividades também devem ser entendidas como aparelhos para adicionar e capitalizar o tempo [*Vigiar e punir*, p. 185].

São as disciplinas temporais que impõem, no mais profundo das disposições corporais, os ritmos e a distribuição das atividades, tanto coletivas quanto individuais. O esquema "anatomocronológico" do comportamento se imprime no corpo no decorrer da socialização — quer se trate de ficar sentado durante horas ou de repetir pacientemente os mesmos gestos. Assim como as disciplinas que se referem à administração do espaço, aquelas que pormenorizam e determinam os diferentes tempos têm por propósito constituir temporalidades diferentes, cujas sucessões e imbricações compõem um *continuum*. O modo de organização do tempo já existente nas comunidades monásticas da Idade

Média se refinou, depois de ter se instalado na organização das práticas militares na época moderna, oferecendo a possibilidade de uma nova forma de controle social. Doravante é "em quartos de hora, em minutos, em segundos que nos pomos a contar" [*Vigiar e punir*, p. 176].

Processo disciplinar e fabricação de indivíduos

Depois de ter indicado como o conjunto das práticas disciplinares "fabrica" literalmente os corpos, Foucault toma o cuidado de lembrar que tais práticas de controle e de condicionamento, para não dizer de dominação, são apenas um dos aspectos do processo de constituição dos sujeitos. Outra analítica do poder está em ação nas investigações foucaultianas dos anos 1975-1978: uma analítica das subjetividades, ou seja, o estudo da maneira pela qual os sujeitos podem ser, ao mesmo tempo, produzidos por práticas ou discursos objetivantes, mas também se produzirem a si mesmos mediante procedimentos de subjetivação essencialmente ligados a momentos de conflitualidade e de antagonismo.

Ao atribuir grande importância às perpétuas mutações das configurações, Foucault planeja escapar de uma descrição rígida do processo de individuação. E é também especialmente em face da ideologia do individualismo democrático que ele pesquisa as condições históricas e sociais que possibilitaram a sociedade dos indivíduos e, por fim, a própria dinâmica da individualidade. Não se trata de explicar essa fábrica de indivíduos pelas grandes categorias ligadas à constituição do indivíduo moderno, como o surgimento da propriedade privada, mas de propor uma análise dos apoios ou dos fundamentos, em sua maioria prosaicos, dessa individualização.

O processo de fabricação descrito em *Vigiar e punir* fundamenta-se em uma incorporação de fato das relações sociais: as disciplinas sujeitam os corpos, impõem restrições, proibições e obrigações. Contudo, ainda é preciso saber como a realidade externa se instala em um corpo, a ponto de modificar permanentemente seus modos de fazer, de ver, de sentir, de pensar. O que é que em nosso corpo deve, em última instância, ser considerado produto da interiorização das condições objetivas de existência? Mesmo que Foucault pouco tenha formulado essas duas questões, elas nos remetem ao problema mais amplo da aceitação das sujeições pelos sujeitos. Desse ponto de vista, a escolha da figura arquitetônica do pan-óptico de Jeremy Bentham, que Foucault situa no núcleo da obra, não é casual. Essa arquitetura circular, agenciamento óptico que deve permitir impor uma conduta qualquer a uma multiplicidade humana, interessa a Foucault justamente porque age sobre os indivíduos por sua organização interna, invertendo as três funções clássicas da masmorra (prender, privar de luz e esconder). O pan-óptico automatiza o poder que

> tem seu princípio menos em uma pessoa que em certa distribuição concertada de corpos, de superfícies, de luzes, de olhares; em um aparato cujos mecanismos internos produzem a relação na qual os indivíduos são pegos [*Vigiar e punir*, p. 235].

Essa arquitetura parece até mesmo poder resolver os novos problemas de vigilância dos corpos surgidos nas sociedades ocidentais do século XVIII, facilitar o controle dos indivíduos e, sobretudo, extrair deles desempenhos cotidianos simplesmente fazendo, e aqui está seu principal trunfo, com que eles percebam essa vigilância como permanente em seus efeitos, mesmo sendo ela descontínua em sua ação.

O pan-óptico inverte o funcionamento do poder fazendo com que as operações vitais, inclusive as mais naturais, sejam controladas nesse regime edulcorado e discreto, cotidiano e ordinário, que Foucault chama de o "carcerário". Com efeito, no carcerário, as disciplinas mudam de função. Elas não têm mais por função fixar os indivíduos em um lugar, mas

> majora[r] as forças do corpo (em termos econômicos, de utilidade) e diminui[r] essas mesmas forças (em termos políticos de obediência) [*Vigiar e punir*, p. 162].

Ao apagar o que pode haver de violento nas antigas disciplinas e ao atenuar os efeitos de revolta intrínsecos a essas práticas de controle,

> o carcerário permite efetuar essa grande "economia" do poder, cuja fórmula o século XVIII buscara quando surgia o problema da acumulação e da administração utilitária dos homens [*Vigiar e punir*, p. 354].

O sociólogo Zygmunt Bauman também enfatizou o que nossa modernidade deve a esse processo de desengajamento dos procedimentos disciplinares. Com sua vigilância onipresente e seu constante controle dos comportamentos, o modelo pan-óptico deixou seu lugar para a autovigilância e o autocontrole dos dominados, procedimentos eficazes para suscitar o "bom" tipo de comportamento e muito menos dispendiosos que a antiga estratégia de dominação, hoje cada vez mais negligenciada [Bauman, 2003, p. 25].

Essa analítica conjunta dos poderes e das subjetividades — uma história das racionalidades de governo e uma analítica da maneira pela qual os homens, indissoluvelmente, resistem a elas — vai fazer com que Foucault renuncie a recorrer à noção de dominação, que ele considera excessivamente conotada, passando a preferir a noção de sujeição, que lhe permite examinar os diferentes processos pelos quais os sujeitos são realmente constituídos em suas relações contínuas com os poderes. Continua a haver uma margem de manobra da qual todo indivíduo socializado dispõe. Os indivíduos, Foucault lembra:

> Nunca deixaram de se construir a si mesmos, isto é [...] de se constituírem em uma série infinita e múltipla de subjetividades diferentes [...] que jamais terão fim e nunca nos postarão em face de algo que seria o homem [Foucault, 1978, nº 173, p. 75].

Sua segunda reserva diante da noção de dominação remete à essência da relação de poder que seu uso sustenta — em particular em sociologia. Ele quer realmente evitar qualquer re-essencialização da noção e, sobretudo, a recondução de uma análise do poder que estivesse focalizada apenas na sujeição ou na subordinação de um indivíduo a uma lei ou a uma ordem estabelecida. É isso o que ele denuncia em 1974, visando explicitamente às duas obras que garantiram a notoriedade sociológica de Pierre Bourdieu [Bourdieu & Passeron, 1964, 1971]. Foucault não parece convencido por essa leitura da "dominação" escolar que tem por efeito autonomizar o campo da escola do resto da sociedade. A dominação, indica Foucault, resulta sempre de um comprometimento e de uma negociação constante entre os indivíduos; também, para dar uma imagem mais justa da maneira como a dominação age em uma instituição, o eixo de pesquisa deve estar posto em outro lugar. Ele nota:

> Como esse aparato [escolar] define certo número de estratégias globais, a partir de uma multiplicidade de sujeições (a da criança ao adulto, da progenitura aos pais, do ignorante ao sábio, do estudante ao professor, da família à administração etc.), são todos esses mecanismos e todos esses operadores de dominação que são a base efetiva do aparato global que constitui o aparelho escolar [IFDS, p. 26].

Paradoxos e leituras desencontradas de Vigiar e punir

Dos historiadores François Zysberg [1976], Jacques Léonard [1977] ao psicanalista François Roustang [1976], passando pelo sociólogo Philippe Robert [1975] e pelo especialista do direito Jean Pinatel [1975], todos os primeiros comentadores de *Vigiar e punir* insistiram na capacidade de Foucault de articular o trabalho do pensamento com a atenção ao contemporâneo. O sucesso do livro parece decorrer da maneira com que Foucault utiliza o arquivo para romper com os discursos históricos clássicos acerca da pena e da prisão.

Contudo, vários problemas são destacados: inicialmente, o fato de que, ao descartar o social de sua grade de análise, Foucault ficou prisioneiro de uma falsa imagem de um *Ancien Régime* caótico e violento e de uma modernidade racional e disciplinar. Para Jacques Léonard, Foucault exagerou particularmente na racionalização e na normalização da sociedade francesa na primeira metade do século XIX, minimizando, ao contrário, a resistência dos costumes do passado, a importância da desordem e da incúria. Léonard destaca também o uso abundante por parte do filósofo do pronome indefinido pessoal "se": "Trata-se de poder, de estratégia, de técnica, de tática, mas não se sabe quais são os atores: poder de quem? Estratégia de quem?" [Léonard, 1977, p. 14].

Foucault retomará essas críticas, indicando em várias ocasiões que seu objeto não era a sociedade francesa do século XIX, a história das prisões ou a da delinquência, mas que estava tentando entender o que é que explica a escolha da prisão, dado que ela não era a meta nem atinge seu propósito. No dia 20 de maio de 1978, por ocasião de uma mesa-redonda organizada pelos historiadores da Sociedade de 1848 (entre os quais Maurice Agulhon e Remi Gossez), Foucault lembra ter querido demonstrar as "formas de racionalidade em ação em algumas práticas institucionais, administrativas, judiciárias, médicas etc." [Foucault, 1980, nº 278]. Essa perspectiva crítica parece apresentar aos historiadores presentes várias afinidades com a postura sociológica de Max Weber, especialmente a importância que ele atribui à disciplina e à autodisciplina como elemento-chave da sociedade moderna. Foucault também explica aquilo que entende por "ideal-tipo", noção que concebe como sendo da ordem de uma "categoria", de uma "estrutura" e, finalmente, que resulta de um "princípio geral". É com certo pesar que ele nota que "os" historiadores não entenderam o verdadeiro sentido de suas pesquisas. Um verdadeiro trabalho de história não deve incidir apenas sobre a análise de um período, mas sobre um problema. É em virtude desse problema, lembra ele, que se impõem ao historiador decisões a tomar, fontes a levar em consideração, mas também a cronologia a demarcar e a utilizar [Artières, Bert *et alii*, 2010].

Seguindo Claude Faugeron [Faugeron, Chauvenet & Combessie, 1996, p. 36-37], também podemos nos perguntar pelas consequências de um livro como *Vigiar e punir* em uma sociologia da prisão. Ao lado de outras obras do mesmo gênero, *Vigiar e punir* teria contribuído para dar uma perspectiva do que acontece concretamente no interior dos estabelecimentos prisionais, tomando os discursos sobre o que deveria ser a pena para o cotidiano da vida na prisão. Ao se concentrar nos projetos de prisão por pena, Foucault também contribuiu para mascarar as origens do enclausuramento carcerário, que não se inscreve em uma lógica penitenciária. *Vigiar e punir* mascara, sobretudo, trechos importantes da vida cotidiana da prisão hoje, assim como a lógica não penitenciária dos aprisionamentos contemporâneos.

Outra dificuldade foi destacada pelos sociólogos especializados em sistema carcerário. Foucault analisa, ao mesmo tempo, os projetos de enclausuramento carcerário do século XVIII (especialmente o sistema pan-óptico de Bentham) e a passagem histórica real das torturas físicas e dos castigos corporais públicos em uso no aprisionamento a título de medida punitiva. De fato, se os projetos de enclausuramento carcerário desenvolvidos no século XVIII podem ser considerados como arquétipos explicativos do acionamento de uma vigilância generalizada e de um controle social extenso a partir do século XIX, vê-se que não é, prioritariamente, nas prisões que esse sistema foi estabelecido. A disciplinarização e a domesticação dos corpos descritas por Foucault correspondem perfeitamente tanto àquilo que se instalou em torno do serviço militar, da escola obrigatória ou da medicalização da sociedade quanto à vida nas celas de uma prisão. É isso que leva muitos a dizerem que a análise de Foucault decorre preferentemente de uma filosofia do direito ou de uma filosofia política, e não de uma sociologia das práticas de aprisionamento, mesmo que algumas noções, como a de "ilegalidade", permitam lançar luz sobre uma realidade que nunca fora observada dessa maneira. Realmente, trata-se de uma noção que remete a práticas sociais, a percepções e a diferentes utilizações do direito.

Depois de ter desnaturalizado a prisão, pondo-a em continuidade com uma série de outros equipamentos, Foucault dá sequência a seu trabalho de desconstrução de algumas categorias partilhadas então pelos penalistas e pelos criminalistas. Mais amplamente, ele utiliza fórmulas duras contra os saberes normativos fundados no "exame" e especialmente contra nossas ciências humanas que "têm sua técnica na minúcia escrupulosa e malevolente das disciplinas e de suas investigações" [*Vigiar e punir*, p. 227].

Capítulo III

Para uma analítica dos poderes

É por querer, por meio da genealogia, se distinguir das abordagens globalizantes do poder (marxismo e estruturalismo) e analisar suas diferentes modalidades que Foucault desencadeia, em meados dos anos 1970, uma crítica da concepção tradicional da sociedade e daquilo que resulta diretamente dela, a saber, o laço social.

Suas análises dos anos 1970 acerca das formas contemporâneas do poder virão se chocar continuamente com a questão do consenso, que é um problema central para a filosofia política desde o século XVII, mas também para a teoria sociológica moderna. Duas abordagens que, por sinal, partilham para Foucault uma mesma lacuna: nunca se terem verdadeiramente preocupado com as condições concretas nas quais o consenso pode se dar nas sociedades modernas. Ao contrário, a questão que o anima é muito diversa: qual é o preço que pagamos para que a ordem social exista e se mantenha? Como ele também indica, enquanto a sociologia suscitava tradicionalmente a questão da coabitação dos indivíduos,

> Eu estava interessado no problema inverso, ou se vocês quiserem, na resposta inversa a esse problema: mediante qual sistema de exclusão, eliminando quem, criando que divisão, através de qual jogo de negação e de rejeição, a sociedade pode funcionar? [Eribon, 1991, p. 331].

O anti-Leviatã e suas consequências para a teoria do poder

É primeiramente enquanto historiador dos sistemas de pensamento que Foucault se interroga sobre a posteridade das teorias do contrato social na história da filosofia política. Como explicar, por exemplo, que vários modelos de pensamento se fundem na metáfora hobbesiana do Leviatã, que dá do homem a imagem de uma matéria muda, "contra a qual viria se chocar o poder que sujeitaria os indivíduos ou os quebraria" [*É preciso defender a sociedade*, p. 27]?

Quando e como, pergunta-se ele, esses modelos tomaram a dianteira na tradição filosófica e por que, até agora, quanto nos fazemos a pergunta pelo exercício do poder, continuamos a nos referir a eles? Essa preeminência é resultado da influência de Kant e de seu questionamento ético da lei moral, que acabou por se tornar a matriz de toda a regulação dos comportamentos humanos. Mesmo assim, nota Foucault, a influência desse modelo da soberania sobre o conjunto dos discursos jurídicos tem também uma razão política. Visto que se trata de enfrentar a questão do poder, falsamente situado no Estado e nas considerações de teor jurídico e legislativo que dele emanam cotidianamente, é o espectro da monarquia que ressurge toda vez. Toda a teoria política moderna é obcecada pelo personagem do soberano, pela questão da lei e pela questão da interdição.

A hipótese da luta

A crítica a Hobbes e aos teóricos do contrato social não decorre apenas do fato de que eles teriam introduzido e, especialmente, legitimado uma concepção absolutista do poder político ou do fato de, sob a justificativa de propor uma anistia recíproca, eles terem finalmente permitido ao poder manter o conjunto dos indivíduos em uma atitude de respeito. É inicialmente por haver eliminado do discurso filosófico o problema da guerra e da conquista e por ter considerado que a política, nascida da instauração de uma república, consiste na legitimação, mediante todo um arsenal jurídico, da opressão e da dominação dos indivíduos, que Foucault questiona o modelo clássico da soberania e tenta fazer emergir outro modelo de análise do poder: o do "enfrentamento belicoso de forças" [*É preciso defender a sociedade*, p. 18]. Opor-se a Hobbes, então, só lhe parece possível a partir do que Nietzsche chamava de a "hipótese da luta". Aliás, é invertendo o aforisma de Clausewitz, "a política é a guerra continuada por outros meios", que ele pode estabelecer o enfrentamento das forças como o motor do poder político. Para Foucault, trata-se de entender, antes de tudo, o que vincula poder e guerra. Ele está interessado, ao final de seu curso no Collège de France, intitulado: *É preciso defender a sociedade* [*IFDS*, 1997], em analisar os discursos que tentaram confundir os dois campos, como o discurso sobre a guerra das raças.

Essa tentativa densa de consequências obriga Foucault a ler o espaço social, não como algo uniforme, mas como algo composto de processos singulares, de relações de forças imanentes aos domínios nos quais elas se exercem e que acabam por formar uma espécie de guerra permanente que não cessa de se reinscrever, esclarece ele, "nas instituições, nas desigualdades econômicas, na linguagem, até nos corpos de uns e outros" [*É preciso defender a sociedade*, p. 16].

Em *Vigiar e punir*, ele faz outra crítica aos teóricos do contrato. A escolha do encarceramento surge como consequência direta desse tipo de construção filosófica. Se se considera que o cidadão aceitou de uma vez por todas as leis da sociedade, inclusive aquela que acarreta o risco de ele ser punido, o criminoso só pode aparecer como um indivíduo juridicamente paradoxal que, ao romper o pacto inicial, encarna o "inimigo de toda a sociedade..." [*Vigiar e punir*, p. 107]. Rousseau, Hobbes, Grócio, Bodin e os demais viabilizaram um duplo deslocamento, ao mesmo tempo, da imagem do criminoso e do papel desempenhado, por meio da punição, pelo conjunto da sociedade cuja integridade se trata agora de preservar.

Teoria da defesa social e periculosidade

A questão da defesa social, tal como abordada por Foucault na segunda metade dos anos 1970, remete à maneira como, desde o fim do século XIX, a noção de periculosidade é instrumentalizada nos campos político, judiciário e psiquiátrico para classificar, dividir, triar, identificar e, em caso de necessidade, neutralizar um indivíduo ou um grupo de indivíduos.

O recurso à noção de periculosidade permite alimentar um vasto sistema, com cada componente reforçando o conjunto: a mobilização da noção reforça o sentimento de insegurança que, por sua vez, reforça a ideologia de segurança, que, por sua vez, exacerba a percepção do perigo.

Para Foucault, o que está em jogo por trás do uso da periculosidade e, em última instância, da excessiva dramatização da criminalidade é uma realidade política completamente distinta: a da passagem de uma justiça "funcional" para uma justiça da segurança ou da proteção. É exatamente essa nova função social que, ao final do século XIX, a psiquiatria se atribui. Por extensão de seu campo de competência, ela busca propor as melhores disposições a serem implementadas para preservar os valores fundamentais da sociedade. Medicina do corpo social, mais que medicina do corpo biológico, a psiquiatria, para Foucault,

> abriu mão simultaneamente do delírio, da alienação mental, da referência à verdade e, finalmente, da doença. O que ela agora leva em conta é o comportamento, são seus desvios, suas anomalias [*Os anormais*, p. 291].

A análise da "defesa social" que Foucault desenvolve não se limita a essas leituras históricas [Foucault, 1978, nº 220].

A busca da defesa dos cidadãos, em meados dos anos 1970, passa a ser objeto de uma utilização sem precedentes no discurso político. A equivocidade da noção de periculosidade possibilita uma nova aliança do político com o social em torno de várias estratégias discursivas: o "medo", que é tanto mais exacerbado quanto mais proporcional ao adensamento da população urbana; a "manutenção da ordem" e a "firmeza", discursos que Foucault relaciona com o lugar central reservado na prática policial à categoria do "flagrante delito", sinal de uma confiança quase cega que a justiça dispensa à investigação policial; finalmente, o "controle do perigo" que é assegurado pela exclusão de algumas categorias de indivíduos e, em menor proporção, por sua segregação ou sua retenção [Foucault, 1978, nº 228].

Com essa nova "estratégia do perímetro", como Foucault também a chama, não existe mais a necessidade de identificar exatamente os indivíduos perigosos e de desenvolver um método confiável capaz de predizer a periculosidade. Doravante, as novas estratégias têm como função generalizar um controle de segurança que, manipulando os medos, permitirá fazer com que os próprios cidadãos reivindiquem uma polícia cada vez mais forte, cada vez mais intrusiva e, sobretudo, capaz de antecipar os riscos potenciais da criminalidade [Foucault, 1979, nº 270].

É a partir do século XVII que, diante do sonho político de uma sociedade contratual, avança o sonho, dessa vez militar, de uma sociedade feita de adestramentos indefinidamente progressivos. Mudar, como propõe Foucault, o modo de análise do poder desembaraçando-se de uma concepção substancialista deve permitir analisar esse outro sonho político. Mais que enfrentar as perguntas teóricas da legitimação e da legitimidade do poder, ele propõe uma observação relacional do funcionamento do poder e uma exploração sistemática e minuciosa da dinâmica complexa dos mecanismos de dominação e de sujeição dos sujeitos.

"Partir de baixo" [*É preciso defender a sociedade*, p. 27] é abordar o poder como uma série de redes que atravessam e sobre as quais se forma e se desenvolve uma sociedade. O poder é algo que se exerce e que se efetua. Constituído de múltiplas relações que se entremesclam, ele incide mais sobre os corpos que sobre as almas dos indivíduos e garante a coesão do corpo social anulando toda forma de autonomia. Essa concepção reticular das relações de poder dá a Foucault a chance de definir o que ele entende por sociedade. Instável por natureza, de contornos mal definidos, a sociedade é o exato oposto de uma estrutura organizada. Aquilo que chamamos de sociedade, Foucault esclarece, não é

> um corpo unitário no qual se exerceria um poder e apenas um, mas é na verdade uma justaposição, um enodamento, uma coordenação, uma hierarquia, também, de diferentes poderes que, não obstante, se mantêm em sua especificidade. [...] A sociedade é um arquipélago de poderes distintos [Foucault, 1981, nº 297, p. 187].

Esta definição o levará a distinguir dois níveis de funcionamento do poder: um nível disciplinar, no qual se efetuam a produção e a individualização dos sujeitos; e um nível jurídico-político, cuja função é mascarar os processos de sujeição que, por natureza, são desiguais e dissimétricos.

As consequências teóricas e práticas dessa análise sobre as maneiras de observar o poder em ato são numerosas. Não se trata mais, por exemplo, de se perguntar quem detém o poder, quem o suporta, onde ele se situa, ou ainda qual é a sua essência, mas de problematizar seu modo específico de funcionamento demonstrando em que as relações de poder — coextensivas ao mundo social — são móveis e são exercidas por meio de elementos sutis, "microscópicos", como a família, as relações sexuais, ou mesmo as relações de vizinhança. No caso mais preciso da sexualidade, Foucault acrescenta:

> Partiremos, então, daquilo que poderíamos chamar os "núcleos locais" de poder-saber; por exemplo, as relações que se estabelecem entre penitente e confessor ou fiel e diretor espiritual [...]. Assim como o corpo da criança vigiada, sitiada em seu berço, sua cama ou seu quarto por todo um círculo de genitores, de amas de leite, de domésticos, de pedagogos, de médicos [*VS*, p. 130].

A sociedade como rede

Em alguns aspectos, a proposta de Foucault se aproxima das análises do sociólogo Norbert Elias, que também tentou descrever as diversas formas de sociabilidade como uma rede ou um sistema reticular tecido de múltiplos fios ligados entre si. A dificuldade de uma descrição do mundo social como essa decorre então, Norbert Elias esclarece, do fato de entender que "nem o conjunto dessa rede nem a forma que nela assume cada um dos diferentes fios se explicam a partir de um só desses fios, nem de todos os diferentes fios em si mesmos; eles se explicam unicamente por sua associação, por sua relação mútua" [Elias, 1991, p. 70-71].

É exatamente esse o problema suscitado pela analítica foucaultiana porque, se seu objeto é entender como, mediante múltiplas estratégias institucionais, a dominação se instaura, Foucault nunca explica verdadeiramente como se dá a passagem de uma análise "microscópica" dos dispositivos disciplinares, fortemente individualizantes, a uma análise "macroscópica" na qual a articulação dessas diversas técnicas e estratégias do poder torna uma sociedade disciplinar possível [*Vontade de saber*, p. 132].

As respectivas obras de Foucault e de Norbert Elias — mesmo que a diferença mais fundamental entre elas derive da noção de descontinuidade, dado que a visão foucaultiana de começo sem origem é muito distinta da maneira de pensar de Elias — abordam a história dos processos pelos quais, na cultura ocidental, um ser humano se transforma em sujeito [Van Krieken, 1990; Burkitt, 1993; Smith, 1999]. Na medida em que, para Foucault, essa transformação só pode emergir no cruzamento das técnicas de dominação com as técnicas de subjetivação, o mesmo processo resulta, para o sociólogo alemão, da domesticação do corpo por parte dos poderes e de um constante autocontrole dos sentimentos. Norbert Elias mostra como a maioria das funções corporais são passadas para o campo da intimidade por um deslizamento das restrições externas, que se tornam autorrestrições e, sobretudo, como o novo apelo ao pudor e à sensibilidade, a partir do século XVII, fez literalmente se erguer um muro entre os corpos. Elias nos mostra como o progressivo velamento das relações interindividuais avançou na história da Europa Ocidental. Por sua vez, é insistindo na verbalização sempre mais importante dos indivíduos, em particular no desvelamento de sua sexualidade, que Foucault descreve o modo como o poder obtém a participação sempre mais ativa dos indivíduos em sua própria disciplinarização. Velamento (físico) e desvelamento (verbal) são dois processos inseparáveis que permitem entender como a exposição do "si", para retomar a categoria de Norbert Elias, se mantém intimamente ligada ao controle.

Reconhecimento e confissão

Ao abordar em várias ocasiões as práticas de confissão, Foucault entrevê a possibilidade de escrever uma história das condições que viabilizaram a enunciação da verdade. Essa história viria responder a muitas perguntas: o que é dizer o verdadeiro? Por meio de que técnica o "dizer o verdadeiro" ocorre? Quais são, ainda, as características de nosso regime de verdade?

A confissão constitui, segundo esse ponto de vista, certa maneira de dizer o verdadeiro produzindo efeitos sociais relevantes. Por que a afirmação da verdade pelo próprio inculpado é ainda hoje um elemento importante do procedimento judiciário, a ponto de a busca da confissão ser algo quase sistemático num processo penal?

O problema que Foucault encontra nas práticas de confissão é, de início, um problema histórico, visto que se trata de saber como e em que condições esse modo de veridicção pôde surgir. No caso particular da justiça e do dispositivo do tribunal, no conjunto de provas disponíveis, a mais certa e a mais incontestável é a confissão do culpado. A confissão se tornou indispensável para o bom funcionamento do sistema penal. Contudo, é especialmente um desvio que prende a atenção de Foucault. Realmente, a busca da confissão foi historicamente redobrada por outra demanda, na qual não se trata mais de o culpado dizer e aceitar, ao dizê-lo, o crime cometido, mas de dizer seus pensamentos, suas representações, suas imagens, sua vontade, que vão se tornar os instrumentos para que o juiz possa tomar uma decisão judiciária sobre o crime e sua gravidade, mas também sobre o indivíduo que o cometeu.

A partir desse momento, confessada, anotada e arquivada, essa fala constitui para aquele que julga um saber irrefutável sobre o crime e suas circunstâncias. É em torno dessa questão que Foucault articula sua crítica da criminologia, que busca descontar a infração naquele que é seu autor. O que ele rejeita é a possibilidade de uma decifração psicológica na qual se trate de encontrar um sentido ou uma explicação para um comportamento desviante. É essa psicologização sem fim que faz do culpado um delinquente que "se distingue do infrator pelo fato de que é menos seu ato que sua vida que é pertinente para caracterizá-lo" [*Vigiar e punir*, p. 255].

É ainda pela interpretação das condutas de confissão (trate-se do sacramento da confissão, ou da psicanálise) que Foucault, já em meados dos anos 1970, tenta entender a natureza da autoadministração voluntária dos indivíduos modernos. Com efeito, aquele que deseja esconder seus sentimentos deve, inicialmente, se conhecer, um conhecimento que só pode ser adquirido por um desvelamento sempre mais amplo de sua intimidade e de seus desejos [Hahn, 1986]. Aqui tem início um círculo vicioso, que Foucault busca descrever no caso da sexualidade. Exprimir nossa personalidade, revelar nossas emoções e confessar nossa verdadeira natureza nos torna mais facilmente controláveis e normalizáveis:

> O discurso, não mais que os silêncios, não está definitivamente sujeitado ao poder ou erguido contra ele. É preciso admitir um jogo complexo e instável, no qual o discurso possa ser, simultaneamente, instrumento e efeito de poder, mas também obstáculo, pilastra, ponto de resistência e de partida para uma estratégia oposta [*VS*, p. 133].

Formas de poder e tipos de sociedade

É apenas em um plano estritamente teórico que Foucault aborda as diferentes transformações do poder pelas quais passaram as sociedades ocidentais. Historicamente, ele distingue três regimes de poder que se apoiaram uns aos outros. Além da soberania régia, que conhece um funcionamento essencialmente vertical, visto que o rei exerce um direito de vida e de morte sobre seus súditos, Foucault descreve um regime disciplinar, cuja função é inventar indivíduos produtivos e uma "biopolítica" que tem como objetivo se encarregar da própria vida dos indivíduos por meio de um conjunto de mecanismos e de saberes reguladores e corretivos. Para Foucault, cada um desses três momentos remete a determinado tipo de sociedade, mas especialmente à maneira pela qual funcionam a dominação e as relações de forças. Cada nova configuração comparece com seu lote de novas partilhas, de novas categorizações, de novas exclusões, que se articulam e se combinam entre si.

A soberania

Em "A vida dos homens infames", texto publicado em 1977 na revista dos *Cahiers du chemin*, e em *A desordem das famílias* [1982], obra escrita em colaboração com a historiadora Arlette Farge, Foucault descreve com precisão o momento histórico do absolutismo régio. Contrariamente à imagem veiculada por alguns historiadores, ele busca demonstrar que o poder régio chega a se inserir até no nível mais elementar do corpo social: a relação interindividual. Com efeito, cada indivíduo pode usar para si, e contra os outros, várias possibilidades que esse tipo de poder e alguns de seus privilégios oferecem. Toda pessoa pode

> se tornar para a outra um monarca terrível e sem lei: *Homo homini rex* [Foucault, 1977, nº 198, p. 247].

Essa forma de poder é atravessada por duas funções essenciais: a retenção antecipada de taxas e de bens e a dispensação de benefícios. O poder régio retém antecipadamente produtos, impostos, colheitas, forças e, em contrapartida, dispensa proteção ou até mesmo o serviço religioso.

Ao se interrogar sobre a transformação, no século XVII, do uso da *lettre de cachet*[2], Foucault aborda a questão do funcionamento dessa formação de poder e mais particularmente de suas funções sociais. A *lettre de cachet*, que era até então a marca de uma decisão régia de condenação à morte ou, mais frequentemente, de prisão,

---

2 ***Lettres de cachet*** eram cartas assinadas pelo rei da França, contra-assinadas por um de seus ministros e seladas com o selo régio, ou *cachet*. Elas transmitiam ordens diretamente expressas pelo rei, geralmente legalizando ações arbitrárias e julgamentos sem apelação possível. A maioria das *lettres de cachet* eram de natureza penal e sentenciavam um súdito sem julgamento e sem oportunidade de defesa à prisão em um cárcere oficial ou em uma prisão comum, a confinamento em um convento ou hospital, ao exílio nas colônias ou à expulsão para outras partes do reino, ou do reino como tal. Nesse sentido, as *lettres de cachet* eram um destacado símbolo dos abusos da monarquia do *ancien régime*, tendo sido suprimidas durante a Revolução Francesa [n. do tradutor].

vai seguir um novo trajeto — ascendente — que parte de uma demanda proveniente de pessoas próximas à pessoa que está sendo afastada. Depois de ter subido à presença do rei, a demanda volta a descer pelo aparato policial, que a executa. Essa modificação simboliza a emergência de novos mecanismos de controle, mais populares. A *lettre de cachet* vai permitir

> ao grupo ou aos grupos — familiares, religiosos, paroquiais, regionais, locais —garantir seu próprio controle policial e sua própria ordem [Foucault, 1974, nº 139, p. 601].

Não obstante tudo isso, o poder régio não consegue responder aos novos problemas ligados ao crescimento da população, à crescente importância que as sociedades ocidentais atribuem à propriedade e, mais genericamente, à progressiva expansão das riquezas que vai se seguir, a partir do século XVII, ao desenvolvimento de uma economia de tipo capitalista. É certo que os crimes contra as pessoas regridem, mas os crimes contra os bens progridem:

> Um movimento global faz derivar o crime do ataque aos corpos para o rapto mais ou menos direto dos bens; e a "criminalidade de massa" para uma "criminalidade de franjas e de margens", reservada por um lado a profissionais [*Vigiar e punir*, p. 90].

A vigilância do soberano sobre o conjunto da sociedade, de fato, acaba se tornando impossível. As malhas da rede são muito abertas e deixam escapar um número quase infinito de coisas, de elementos e de comportamentos. Novas funções de controle e de vigilância são desenvolvidas em resposta ao recrudescimento dos crimes econômicos, especialmente no que diz respeito às questões de pirataria. Trata-se, para o poder, esclarece Foucault, de encontrar novos dispositivos técnicos capazes de trazer essas economias subterrâneas para debaixo de seu olhar, seja dramatizando-as, seja tornando-as perigosas para a estabilidade do corpo social.

Acrescente-se a essa evolução jurídica, especificamente referente ao tratamento de crimes econômicos, o papel desempenhado pelo aumento dos protestos contra as execuções públicas. O humanismo crescente não explica por si mesmo a escolha da prisão como nova maneira de punir, mas Foucault vê nessas críticas, sobretudo, uma contradição interna ao próprio funcionamento do poder régio: símbolo da mecânica da soberania, a cena do suplício passa a ser uma cerimônia que canaliza parcamente as relações de poder que ela busca ritualizar. Revoltas esporádicas contra a autoridade se criam; a multidão busca com cada vez mais frequência apoderar-se do condenado, seja para salvá-lo, seja para matá-lo. Mais uma vez, torna-se necessário fundar um novo direito de punir, menos concentrado nas mãos de uma só pessoa e capaz de ser exercido em qualquer lugar e de maneira contínua, até o menor grão do corpo social. Finalmente, é a partir dessa demanda da população por uma nova modalidade de castigo, essencialmente dissuasória, que Foucault pode observar o fim da antiga influência do poder régio sobre o corpo dos indivíduos e sua substituição pelas técnicas disciplinares que têm por função operar, sobre cada indivíduo tomado isoladamente, uma vigilância e um controle constantes tanto dos gestos quanto dos pensamentos.

Mas essa é uma transição que não é da ordem de uma ruptura, como o explica Foucault em 1974:

> Em uma sociedade como a sociedade feudal, não se encontra nada de semelhante ao panoptismo. Isso não quer dizer que, em uma sociedade de tipo feudal ou nas sociedades europeias do século XVII, não tenha havido instâncias de controle social, de punição e de recompensa. Contudo, o modo pelo qual elas se distribuíam era completamente diferente da maneira segundo a qual elas se instalaram ao final do século XVIII e no início do século XIX [Foucault, 1974, nº 139, p. 606].

O momento do disciplinar

Enquanto o problema do poder régio é garantir a retenção antecipada de taxas, o da sociedade disciplinar é levar os indivíduos a sentirem as restrições como naturais e, até mesmo, como desejáveis. As disciplinas deixam de ser apenas um princípio de coerção dos corpos, uma "disciplina-bloco", como aquela que, na Idade Média, era utilizada para responder aos perigos das cidades fustigadas pelas epidemias de peste. Doravante, as disciplinas têm por função vigiar e corrigir as condutas classificadas como contraproducentes. Aqui, a ligação com a penetração do sistema capitalista na existência dos indivíduos é claramente estabelecida por Foucault:

> Tal qual instaurado no século XIX, esse regime foi obrigado a elaborar um conjunto de técnicas políticas, de técnicas de poder, pelo qual o homem se encontra vinculado a algo como o trabalho; um conjunto de técnicas pelo qual o corpo e o tempo dos homens se tornam tempo de trabalho e força de trabalho e podem ser efetivamente utilizados para se transformar em mais-valia. Mas, para que haja mais-valia, é preciso que haja subpoder. É necessário que se estabeleça, no nível da própria existência humana, uma trama microscópica, capilar, de poder político, fixando os homens ao aparelho de produção, fazendo deles agentes de produção, trabalhadores [Foucault, 1974, nº 139, p. 622].

Ao reforçar a posição da burguesia, o desenvolvimento do capitalismo provoca o advento de novos quadros jurídicos e éticos. De fato, acumulação de homens e acumulação de capital não podem ser separadas; não teria sido possível resolver o problema da acumulação de homens sem o crescimento de um aparelho de produção capaz, ao mesmo tempo, de entretê-los e de utilizá-los; contrariamente, as técnicas que tornam útil a multiplicidade cumulativa de homens aceleram o movimento de acumulação de capital [*Vigiar e punir*, p. 257].

Foucault/Weber

Para muitos comentadores, a reflexão ao mesmo tempo filosófica, política e ética empreendida por Foucault no início dos anos 1970 sobre aquilo que abre uma sociedade à modernidade se sobrepõe parcialmente à reflexão empreendida por Max Weber sobre as consequências do processo de racionalização, do nivelamento dos valores, da divisão do trabalho, do desenvolvimento da burocracia ou ainda da contratualização das relações sociais e tradicionais [Szakolaczai, 1998; Gordon, 1987].

Todos os dois percebem o processo de civilização como uma progressão sem fim da racionalização instrumental das sociedades ocidentais. Sobretudo, eles lembram que o advento do sujeito moderno, transformado em "obediente" graças às disciplinas, resulta da conjunção de várias matrizes de comportamento, dentre as quais a matriz da esfera religiosa. É inegável o papel desempenhado pelas comunidades eclesiásticas na organização da sociedade, especialmente no caso das colônias jesuíticas fundadas na América do Sul, como Foucault esclarece:

> Os jesuítas do Paraguai estabeleceram colônias nas quais a existência era regulada em cada um de seus pontos. A aldeia era dividida segundo uma disposição rigorosa em torno de uma praça retangular, ao fundo da qual havia uma igreja; de um lado, o colégio, do outro, o cemitério e, depois, diante da igreja, abria-se uma avenida que era cruzada por outra em ângulo reto; as famílias tinham, cada qual, sua pequena cabana ao longo desses dois eixos, e desse modo estava reproduzido exatamente o sinal do Cristo. [...] A vida cotidiana dos indivíduos era regulada não pelo apito, mas pelo sino. O despertar era marcado para todo mundo na mesma hora, o trabalho começava para todo mundo na mesma hora; as refeições ao meio-dia e às 17 horas; depois, todos iam dormir e à meia-noite havia aquilo que se chamava o despertar conjugal, ou seja, ao som do sino do convento, cada um cumpria seu dever [Foucault, 1984, nº 360, p. 761].

Em seu curso de 1978-1979 no Collège de France, as análises de Foucault sobre a obediência cristã farão dela uma das grandes matrizes da subjetividade ocidental.

Já Weber concentrou-se na responsabilidade da Reforma na formação do ideal do capitalismo, mas também no papel desempenhado pelos monges e pelas grandes comunidades eclesiásticas desde a Idade Média. É nesse sentido que ele se interessou pela história das concepções religiosas que visavam sujeitar as condutas a um controle metódico e modelar os comportamentos humanos.

De todo modo, Foucault busca se distanciar das análises sociológicas de Weber, indicando em "A impossível prisão":

> A "disciplina" não é a expressão de um "tipo ideal" (o tipo do "homem disciplinado"); ela é a generalização e a conexão de diferentes técnicas que devem, elas próprias, corresponder a objetivos locais [...], programas, tecnologias, dispositivos — nada disso é o "ideal tipo". Tento ver o jogo e o desenvolvimento de realidades diversas que se articulam umas com as outras: um programa, o vínculo que o explica, a lei que lhe dá valor coagente etc. são outras tantas realidades (mesmo que de outro modo) que as instituições que lhe dão corpo ou os comportamentos que a eles se acrescentam mais ou menos fielmente [Foucault, 1980, nº 281, p. 48-49].

A sociedade disciplinar é tanto mais eficaz quando funciona no modo contínuo da vigilância e da correção dos comportamentos que se busca fazer coincidir com uma norma pela qual todo indivíduo é avaliado. Para funcionarem, os vários dispositivos disciplinares necessitam de um saber particular sobre os comportamentos, de uma "ortopedia social", dirá Foucault, que mobilize, ao mesmo tempo, o conhecimento do percurso singular de cada indivíduo e o conhecimento comparativo dos comportamentos de diferentes indivíduos no seio de determinada população:

> A arte de punir [...] aciona cinco operações bem distintas: referir os atos, os desempenhos, os comportamentos específicos a um conjunto que é, ao mesmo tempo, campo de comparação, espaço de diferenciação e princípio de uma regra a seguir. Diferenciar os indivíduos uns com relação aos outros e em função dessa regra de conjunto — funcione ela como nível mínimo, como média a respeitar ou como ponto máximo a ser atingido. Medir em termos quantitativos e hierarquizar em termos de valor as capacidades, o nível, a "natureza" dos indivíduos. Acionar, por meio dessa medida "valorizadora", a coação de uma conformidade a realizar. Enfim, traçar o limite que definirá a diferença com relação a todas as diferenças, a fronteira externa do anormal [...] [*Vigiar e punir*, p. 214].

Se a primeira acepção da noção de disciplina é inicialmente, para Foucault, de ordem histórica, dado que ele tenta circunscrever as muitas tecnologias disciplinares em um espaço — o das instituições —, assim como em uma cronologia precisa, cuja pedra basilar é a inauguração da colônia penitenciária de La Mettray em 1840, ele também tenta propor, a partir dessa noção, uma grade de análise da realidade social moderna que lhe permite explicar como, e segundo quais objetivos, nossa sociedade se tornou disciplinar. Aqui reside toda a dificuldade do ponto de vista foucaultiano:

> Operar uma interpretação, uma leitura de determinado real, de modo que, por um lado, essa interpretação possa produzir efeitos de verdade e que, de outro, esses efeitos de verdade possam se tornar instrumentos no seio de lutas possíveis [Foucault, 1978, nº 238, p. 633].

Aliás, a noção de disciplina foi diferentemente mobilizada nos campos da sociologia da educação, das forças armadas ou do aprisionamento carcerário. Fora desses terrenos privilegiados, parece mais difícil adotá-la. Essa é a conclusão de Danielle Bleitrach e Alain Chenu em *L'Usine et la vie: luttes régionales, Marseille et Fos*. Para eles o uso complexo dessa noção vem do fato de que ela reúne sob um mesmo termo práticas diversas, inclusive formas de autodisciplina. Ela ainda inicia a observação rumo a uma problemática centrada na tese da universalidade do totalitarismo e a ideia, finalmente, de uma dominação estatal geral [Bleitrach & Chenu, 1979].

Leituras e usos de Marx

O ponto de vista de Foucault sobre Marx variou amplamente em função dos contextos políticos e sociais e da evolução de seu próprio trajeto intelectual.

Em *Doença mental e personalidade*, a expressão "homem concreto" faz referência direta a uma história de inspiração marxista. Nessa época, Foucault está muito marcado por sua proximidade intelectual com Althusser, como o demonstram também seu uso das noções de "alienação", de "capitalismo" ou ainda de "exploração", e a mobilização de um esquema de análise da loucura deliberadamente inspirado no materialismo dialético.

Em *As palavras e as coisas*, ele atribui lugar completamente diferente a Marx, dessacralizando-o em uma reação à doxa de parte da esquerda intelectual da época. Afirma Foucault que ele foi acomodado "sem dificuldade como uma figura plena, tranquila, confortável, [...] no interior de uma disposição epistemológica que o acolheu com favor, sem que ele tivesse em contrapartida nem o propósito de perturbar nem, especialmente, o poder de alterar, a não ser o de uma pulga" [*As palavras e as coisas*, p. 274]. Em outros termos, Marx não foi portador de nenhuma crítica verdadeira, e o marxismo não introduziu nenhuma ruptura real.

Durante os anos 1970, o lugar de Marx é menos crítico. Foucault visa, sobretudo, a alguns pensamentos marxistas que reduziram a obra do filósofo ao conceito de "classe" e à oposição entre classe dominante e classe dominada. Uma oposição, ele se dá ao trabalho de esclarecer, que não se encontra mais como se encontrava em Marx, mas que

> pode ser encontrada em pensadores reacionários e racistas como Gobineau, que admitem que, em uma sociedade, sempre existem duas classes, uma dominada e outra que domina. Vocês podem encontrar isso em muitos lugares, nunca em Marx, porque, com efeito, Marx é experimentado demais para admitir uma coisa dessas [Foucault, 1981, nº 237, p. 201].

É ainda na direção de Marx, particularmente na direção do segundo livro de *O capital*, que Foucault se volta em meados dos anos 1970 para afirmar a pluralidade das relações de poder, hipótese central de sua nova analítica, desenvolvida em *A vontade de saber*.

A era da biopolítica

É ao final de seu curso intitulado *É preciso defender a sociedade* e no último capítulo de *A vontade de saber* que, ao lado da soberania e do disciplinar, Foucault lança a hipótese de um governo da vida que ele considera derivado de uma estatização do biológico [*É preciso defender a sociedade*, p. 213]. A biopolítica consiste em um conjunto de procedimentos referentes à população, a

> seus problemas específicos e a suas variáveis próprias: natalidade, morbidade, expectativa de vida, fecundidade, estado de saúde, frequência de doenças [*É preciso defender a sociedade*, p. 36-37].

Essa forma de poder intervém diretamente sobre os elementos aleatórios que atravessam uma população mediante medidas incitativas, preventivas e corretivas. Não se trata mais, então, de apenas disciplinar o indivíduo, mas de garantir que ele seja regulado. Portanto, com a biopolítica, não existe desaparecimento do poder disciplinar, mas especialmente um ajuste das microtécnicas disciplinares diante de uma nova preocupação, a de velar pelo conjunto dos fenômenos vitais de uma população. Esses dois tipos de intervenção sobre o social, o disciplinar e a biopolítica, formam um sistema de engrenagem que reforça cada uma das duas lógicas. A disciplina consolida a biopolítica que, em troca, embasa o eixo das técnicas disciplinares e suas tentativas de majoração coextensiva das forças e da obediência de um indivíduo:

> Nenhum núcleo local, nenhum esquema de transformação poderiam funcionar se, por uma série de encadeamentos sucessivos, cada um deles não se inscrevesse, afinal de contas, em uma estraté-

gia de conjunto. Inversamente, nenhuma estratégia poderia assegurar efeitos globais se não se apoiasse em relações precisas e responsáveis que lhe serviriam não de aplicação e de consequência, mas de suporte e de ponto de apoio [*A vontade de saber*, p. 132]

Com a biopolítica, Foucault também está tentando apreender, por meio de uma reflexão sobre o jurídico, a intensa politização das relações individuais desencadeadas a partir do século XVII. Flutuante e frágil, essa relação entre o jurídico e os indivíduos é exatamente o lugar onde se promove a normalização moderna que assume a forma de um controle dos costumes, dos espíritos, dos corpos e das populações.

Como sempre acontece com Foucault, sua análise deve ser lida como a tradução do clima social no qual ele realizou suas pesquisas. A biopolítica é um espelho da vida intelectual e social dos anos 1970, que conheceu, entre 1974 e 1976, importantes polêmicas diretamente ligadas à questão do ser vivo em sua relação com o campo do direito e das instituições políticas. Polêmicas que se cristalizaram em torno das questões da pena de morte, mas também do aborto e da questão da demografia mundial com as análises do Clube de Roma e com o advento de uma lógica econômica administrativa e que são reveladoras de escolhas sociais que ainda hoje são debatidas [Bert, 2006].

A governamentalidade: como fazer do Estado uma prática?

Enquanto, no princípio dos anos 1970, Foucault estava envolvido em uma crítica da representação "jurídico-discursiva" do poder, a nova analítica que ele desenvolve na sequência de *Vigiar e punir* e na qual enfatiza o aspecto relacional das técnicas de poder vai lhe permitir abordar a questão do governo e a dos comportamentos, no sentido amplo de orientação dos indivíduos. Trata-se, para Foucault, de considerar o Estado moderno menos como uma instituição, mais como uma forma de pensamento estratégico que estabelece práticas dirigindo-se, simultaneamente, a todos e a cada um. A utilização da noção de "governamentalidade" a partir de 1978 vai lhe permitir retomar a análise do processo de constituição dos sujeitos, entre uma história das racionalidades de governo e uma analítica da maneira segundo a qual os homens, indissoluvelmente, resistem a elas; assim como também definir o campo estratégico das relações de poder.

Governar pessoas, indica Foucault, é um equilíbrio movente entre as técnicas que asseguram a coerção e procedimentos pelos quais o si se constrói e se modifica a si mesmo. "Governo" e "governamentalidade" tenderão a se confundir quando Foucault disser querer substituir o

Estado moderno por uma tecnologia geral de poder e apreender, por meio de novos dispositivos que asseguram a partir do século XVIII uma regulação dos comportamentos, como a governamentalidade, que é constituída por instituições, procedimentos e táticas, permitiu

> exercer essa forma bem específica, bem mais complexa de poder, que tem como principal alvo a população, por forma principal de saber a economia política, por instrumento técnico essencial os dispositivos de segurança [Foucault, 1978, n° 239, p. 655].

Nascimento de uma noção

Em dois de seus cursos no Collège de France, *Segurança, território, população*, dado em 1977-1978 [2004], e *Nascimento da biopolítica*, dado em 1978-1979 [2004], Foucault aborda a governamentalidade enquanto racionalidade político-histórica. Ele se apoia em dois elementos fundamentais para demonstrar como a governamentalidade sucede o Estado administrativo dos séculos XV e XVI como regime de poder específico. Por um lado, a governamentalidade não se limita às técnicas disciplinares, mas repousa sobre aparatos específicos de governo, de instrumentos e de dispositivos, logo, os dispositivos de segurança. Por outro, a governamentalidade designa todo um sistema de saberes e de conhecimentos diretamente aplicáveis à população que se trata de desenvolver e de organizar, como, por exemplo, a estatística, que constitui no século XVII, e, sobretudo, no século XVIII um novo quadro formal para comparar os Estados entre si.

A governamentalidade é especialmente o perfeito exemplo de um poder incitativo cuja ação é orientar e regular os comportamentos coletivos mobilizando novos conhecimentos sobre a sociedade e sua evolução. Um poder que encontra seu próprio modelo no pastorado cristão que se laicizou no século XVI com a emergência, primeiro na Itália, com as obras de Palazzo ou de Botero, de uma nova reflexão sobre a razão de Estado e, mais genericamente, sobre as artes do governar como decorrentes de uma habilidade de conquistar e de conservar o poder [Sennelart, 1995]. Essa conservação do poder foi possibilitada pelo desenvolvimento de um conjunto de tecnologias específicas, entre os quais o das ciências camerais, também chamado "polícia", que toma forma na Prússia na segunda metade do século XVIII e cuja função é exatamente aumentar a potência do Estado pelo controle da atividade humana. Esses saberes de polícia, que combinam uma visão política embasada na filosofia da *Aufklärung* com os princípios de administração dos negócios cotidianos da cidade, também buscam articular uma dimensão de ordem pública com a preocupação pelo "bem-estar" da população que, pela primeira vez, é considerada pelo Estado como um conjunto vivo, quantificável e, nesse caso, fonte de riqueza e de força de trabalho. Torna-se imprescindível conhecer suas diferentes variáveis para poder antecipar suas necessidades.

É com as obras de Théodore Turquet de Mayerne e de Nicolas de La Mare, especialmente com seu famoso *Traité de police*, de 1705, que Foucault vai tentar se distinguir das reflexões teóricas a respeito da estatização da sociedade, decidindo se concentrar nas diferentes tecnologias de governo mediante as quais os estados de dominação se estabelecem e se mantêm. Finalmente, o *Système complet d'une police médicale*, de Johan Peter Franck (1745-1821) é tido por Foucault como o primeiro grande tratado de saúde pública, no qual se indica

> o que uma administração deve fazer para garantir a provisão geral, um alojamento decente, a saúde pública, sem esquecer as instituições médicas necessárias à boa saúde da população, em suma, para proteger a vida dos indivíduos [Foucault, 1988, nº 364, p. 814-815].

Esse livro não é apenas uma súmula de normas médicas incidentes sobre a vida das pessoas ou sobre o asseio das cidades, mas um documento que encara de frente a questão da segurança. Nele se encontra a primeira abordagem da relação entre a vida dos indivíduos, população e espaço — mais especialmente espaço urbano. Franck estabelece um inventário dos fatores de risco e das regras preventivas da medicina, demonstrando o quanto a relação entre vida e espaço urbano pode produzir de efeitos graves sobre o futuro das populações.

Foucault acrescenta: se governar consiste em estruturar o campo de eventual ação dos outros, desse ponto de vista, a governamentalidade remete à consideração das relações estratégicas que partilham o espaço social e que fazem com que,

> entre relação de poder e estratégia de luta, haja apelo recíproco, encadeamento indefinido e reversão perpétua. A todo instante, a relação de poder pode se tornar, e sob certos aspectos se torna, um enfrentamento entre adversários. A todo instante também as relações de adversidade, em uma sociedade, dão lugar ao desencadeamento de mecanismos de poder [Foucault, 1982, nº 306, p. 242-243].

Nas últimas páginas de seu curso de 1978, Foucault evoca como pesquisa provável, que se apoiaria nessa abordagem material das práticas estatizantes, a genealogia da ideia revolucionária da Europa moderna. Uma genealogia que se desinteressaria da ideologia para, ao contrário, ocupar-se das afiliações reais:

> O socialismo utópico tem raízes muito reais, não em textos, em livros ou ideias, mas em práticas delimitáveis: comunidades, colônias, organização religiosa como os *quakers* nos Estados Unidos.

Uma genealogia que deve permitir fazer

> a história do Estado a partir da própria prática dos homens, a partir do que eles fazem e da maneira como eles pensam [*Segurança, território, população*, p. 366].

O pastorado

"Modelo arcaico" da governamentalidade, "modelo antigo" da governamentalização do Estado, ou ainda "ponto de formação, de cristalização" da governamentalidade [*Segurança, território, população*, p. 113], o poder pastoral é exercido, em sua concepção originária, sobre um rebanho que se desloca de um ponto a outro.

Para Foucault, existe uma importante distinção entre o modo de governo utilizado na cidade ateniense, tornado célebre pela filosofia grega, e o poder pastoral que foi praticado pelo Ocidente pré-cristão e que é um poder essencialmente benemérito, voltado para a salvação do rebanho em seu conjunto, bem como para a salvação de cada uma das ovelhas:

> [...] O pastor deve manter o olho sobre tudo e o olho sobre cada um, *omnes et singulatim*, o que vai ser exatamente o grande problema das técnicas de poder no pastorado cristão e das técnicas de poder, digamos, modernas [Foucault, 1981, nº 291].

O desenvolvimento do cristianismo não faz desaparecer essa forma pastoral do poder, mas antes transforma radicalmente sua natureza, intensificando o laço de obediência existente na origem entre as ovelhas e o pastor e fazendo dele um laço de sujeição pessoal. Nesse ponto, Foucault acrescenta que o pastorado cristão organizou

> a instância da obediência pura, a obediência como um tipo de comportamento unitário, comportamento altamente valorizado e que haure o essencial de sua razão de si mesma.

De duas maneiras, prossegue Foucault, o pastorado esboça a governamentalidade. De um lado,

> pelos procedimentos próprios ao pastorado, pela maneira, no fundo, de não fazer atuar pura e simplesmente o princípio da salvação, o princípio da lei e o princípio da verdade, por todas essas espécies de diagonais que instauram sob a lei, sob a salvação, sob a verdade, outros de tipos de relações,

por outro,

> pela constituição tão específica de um sujeito, de um sujeito cujos méritos são identificados de maneira analítica, de um sujeito que é sujeitado em redes contínuas de obediência, de um sujeito que é objetivado pela extração de verdade que se lhe impõe. [...] É isso, creio, essa constituição típica do sujeito ocidental moderno, que faz com que o pastorado seja, sem dúvida, um dos momentos decisivos na história do poder nas sociedades ocidentais [*Segurança, território, população*, p. 187-188].

Governamentalidade e dispositivos de segurança

Essa leitura eminentemente material das práticas estatais e dos diferentes instrumentos de governo leva Foucault a esvaziar a questão da relação existente entre governantes e governados a partir do desenvolvimento dos dispositivos de segurança nos Estados modernos. Com efeito, esses dispositivos vão se transformar em verdadeiros instrumentos de regulação, mais importantes em suas consequências que as leis do aparato jurídico ou as disciplinas produzidas pelas instituições. A relação de um Estado com sua população se faz essencialmente sob a forma de um pacto de segurança. Enquanto, nos séculos XVI e XVII, o Estado tinha por função essencial garantir o pacto territorial, a questão de fronteira é substituída por um novo pacto no qual a população a partir de então está

> garantida contra tudo o que possa haver de incerteza, acidente, prejuízo, risco. Está doente? Você terá a Previdência social! Não tem trabalho? Terá um seguro desemprego! Sofreu um tsunami? Será criado um fundo de solidariedade! E quanto aos delinquentes? Vamos lhe garantir a ressocialização deles, uma boa vigilância policial [Foucault, 1977, nº 213, p. 385].

Uma importante produção sociológica soube se valer da noção de governamentalidade, enfatizando destacadamente as crises do Estado-providência [Castel, 1995], a evolução das formas de seguridade social [Ewald, 1986], a gestão das novas formas de exclusão ou de pobreza [Procacci, 1993; Astier, 2007]. Essas técnicas de poder voltadas para a regulação dos processos vitais de uma população estiveram na origem daquilo que costumamos chamar "o social". A medicina, a higiene, a educação, ou ainda o controle "biopolítico" da fertilidade e da mortalidade, da poupança etc. são outras tantas técnicas que visam menos produzir a obediência do que normalizar os indivíduos mediante práticas de socialização. Pierre Lascoumes observa, por sua vez, que a "governamentalidade" pode se revelar útil na compreensão das condições históricas de formação de novos objetos, especialmente do ambiente, que é um dos domínios de extensão do biopoder. Ele levanta a hipótese da emergência de uma nova racionalidade política, "bioecológica", com o desenvolvimento dos dispositivos de conhecimento científico, dos dispositivos de vigilância e de regulação das espécies vivas e da ecologia como disciplina científica que constitui uma extensão do biopoder a todos os sistemas vivos [Lascoumes, 1994].

Do lado anglo-saxão, os *governmentality studies* concentraram-se mais particularmente na questão do risco e de sua prevenção, mas também em perspectivas mais distanciadas de Foucault, como a questão dos recursos humanos ou ainda a teoria das organizações e da administração [Donzelot & Gordon, 2005]. Essas disciplinas encontraram em Foucault, para além de sua análise do pan-óptico, uma noção de governamentalidade operacional para entender a constituição de novos sujeitos que são atualmente produzidos no mundo corporativo em vista de serem adaptados às pressões das organizações. Mais uma vez, Foucault permite um deslocamento de perspectiva insistindo nos procedimentos técnicos de governo que são definitivamente indicadores da regulação que a ação pública se esforça em realizar entre os sujeitos [Hatchuel & Pezet, 2005].

Uma noção com importantes consequências teóricas

Sinônimo de um comprometimento livre dos indivíduos, a governamentalidade permite a Foucault reconhecer a liberdade do governado, insistindo no fato de que se trata menos, no caso do poder, de agir sob pressão direta do que por uma estruturação específica do campo de ação dos indivíduos.

Essa forma eminentemente positiva das relações de poder implica, nesse caso, que os indivíduos tenham sempre a possibilidade, em relação com as determinações normativas cotidianas, de uma verdadeira autodeterminação ou, sobretudo, como o lembra Foucault em 1978, de uma "contraconduta" específica que está longe de ser uma espécie de anarquismo originário. A contraconduta é menos da ordem de uma insubmissão ao poder enquanto tal que da ordem da afirmação de uma modalidade diferente de ser governado.

Crozier/Foucault

A proximidade entre Crozier e Foucault é mais complexa e rica do que parece à primeira vista. As duas análises afirmam, com efeito, que o poder é uma relação desequilibrada que implica incessantemente, da parte dos indivíduos, trocas e negociações. Contudo, enquanto para Foucault o que está em questão é mostrar a mobilidade, a natureza infinitesimal, imprevisível e, finalmente, o interesse de uma análise ascendente das relações de poder, Crozier, em sua abordagem "estratégica", decide concentrar principalmente o olhar sobre a natureza das relações entre superiores e subordinados, analisando o poder em formas de atividades estruturadas, como relação de forças "da qual um pode extrair mais que outro, mas na qual alguém nunca está completamente desmunido diante do outro" [Crozier & Friedberg, 1977, p. 69].

Em uma nota em *L'Acteur et le système*, Crozier e Friedberg fazem referência a *Vigiar e punir* e a *A vontade de saber*, localizando aí uma virada na reflexão de Foucault: "O explícito reconhecimento do fenômeno do poder como uma relação, como uma mediação inelutável e autônoma entre os projetos coletivos dos homens e sua realização".

Para ir além de simples efeito retórico, esse reconhecimento obriga, contudo, a "sair da lógica estrita do discurso para centrar a análise nos processos concretos através dos quais o discurso pode se encarnar nos fatos" [Crozier & Friedberg, 1977, p. 26].

Recíproca, desequilibrada e assimétrica, a relação de poder oferece a possibilidade de orientar e de dirigir a conduta do outro. Por sinal, para descrever o exercício do poder, Foucault usa regularmente a noção de "jogo" e de "estratégia". O poder resultaria de um jogo no qual existe sempre a possibilidade de uma desorganização possível na estrutura — um "isso joga" entre as engrenagens da máquina institucional. Uma posição compartilhada por Crozier, para quem, por mais coagente que seja, uma organização não pode nunca restringir e reduzir a margem de manobra (ou de liberdade) dos atores.

É também nessa ótica que Foucault tentará analisar o liberalismo econômico, ao mesmo tempo, em sua formulação original no século XVIII e em suas versões mais contemporâneas, como na Alemanha e nos Estados Unidos. Foucault busca especialmente mostrar o que distingue a arte liberal de governar, que é o momento no qual a atividade econômica e especialmente os mecanismos de mercado são princípios fortemente regulatórios dos comportamentos humanos, da arte de governar própria do Antigo Regime — a razão de Estado. O liberalismo é consumidor das liberdades individuais que teve de produzir e de organizar.

Uma contradição interna ao sistema que força o liberalismo a se engajar

> em um mecanismo no qual ele terá, a todo instante, de arbitrar a liberdade e a segurança dos

indivíduos em torno da noção de perigo. No fundo, se, de um lado, o liberalismo é uma arte de governar que manipula fundamentalmente os interesses, ele não pode — e esse é o reverso da medalha —, ele não pode manipular os interesses sem ser, ao mesmo tempo, gestor dos perigos e dos mecanismos de segurança/liberdade, do jogo segurança/liberdade que deve garantir que os indivíduos ou a coletividade sejam o menos possível expostos a perigos [*Nascimento da biopolítica*; ver também Jeanpierre, 2006].

Capítulo IV

Práticas de si e relação com o outro

A *vontade de saber* [1976] é o primeiro volume de uma história da sexualidade que, originalmente, deveria compreender seis outros tomos, que incidiriam, como o indicava a contracapa da obra, sobre "a carne e o corpo", "a cruzada das crianças", "a mulher", "a mãe e a histérica", "os adultos perversos" e, por fim, "a população e a raça" (tema que Foucault abordou parcialmente em 1975 em *É preciso defender a sociedade*). Oito anos mais tarde, os tomos II e III, respectivamente intitulados *O uso dos prazeres* [1984], e *O cuidado de si* [1984] são publicados.

O primeiro tomo dessa *História da sexualidade* se apresenta como uma introdução metodológica na qual Foucault esclarece a natureza de suas diferentes pesquisas, que se inscrevem em um questionamento mais vasto sobre a produção de discursos carregados de um valor de verdade e sobre os vínculos desses discursos com os diferentes mecanismos e instituições do poder. Ele também aproveita para estabelecer um modelo alternativo de análise do poder e para tentar, no caso da sexualidade, compreender seu papel ativo na produção dos prazeres. É isso o que explica por que Foucault decide começar seu empreendimento pelo século XIX, um século no qual "saber" e "poder" se entremesclam em torno de quatro núcleos críticos, todos eles tendo uma relação direta com a sexualidade: a "histerização do corpo da mulher", a "pedagogização do sexo da criança", a "socialização das condutas procriativas" e a "psiquiatrização do prazer perverso".

Pensar diferentemente a sexualidade

Texto curto e incisivo, *A vontade de saber* dá sequência ao projeto foucaultiano de escrever uma história dos corpos e da maneira com que se investiu o que existe de mais vivo neles. Projeto a que ele deu início em *Vigiar e punir* e que lhe permitiu mostrar como o poder exerce uma ascendência direta sobre os indivíduos concentrando-se na constituição das identidades pela imposição de lugares, de tempo e até mesmo de gestos. Com a sexualidade, que Foucault jamais reduz a uma realidade objetiva e natural, trata-se de delimitar os efeitos particulares de todo um conjunto de estratégias discursivas e políticas. Nesse sentido, essa história da sexualidade não é uma história dos comportamentos ou do modo como os homens, desde a Idade Média, tiveram interditada a sexualidade. Foucault busca repor em causa a afirmação de um processo de civilização que se teria expresso, no que se refere à sexualidade, nos termos de uma repressão cada vez mais forte. As consequências de uma leitura como essa são inúmeras, como, por exemplo, no que diz respeito ao problema da miséria sexual nas sociedades contemporâneas, que veio para a boca de cena midiática e política no momento dos acontecimentos de maio de 1968. Foucault faz disso uma nova interpretação, dado que essa miséria não decorreria das proibições paralelamente introduzidas pela exploração econômica capitalista, esta sim, partícipe de um processo mais remoto de controle da sexualidade que age sob a forma de uma incitação crescente a falar do sexo. É, por sinal, ao fazer um primeiro balanço das lutas que ocorreram desde o fim dos anos 1960 no campo da liberação sexual que Foucault demonstra a ineficácia clamorosa e, sobretudo, a posição irônica dos discursos libertários que não vêm absolutamente barrar a rota dos mecanismos de poder repressivo, mas, ao contrário, participar da mesma rede histórica dos discursos morais que tentam denunciar.

Um projeto histórico: o dispositivo da sexualidade

Se quisermos dar um sentido à publicação de *A vontade de saber* na coleção "A biblioteca das histórias" da editora Gallimard, é preciso ressaltar: Foucault não tem a menor dúvida de que a sexualidade possui uma história e que sua forma atual é resultante de fatores e de movimentos históricos particulares. Em uma construção antropológica bastante inabitual, Foucault distingue dois tipos de saberes sobre a sexualidade: a *ars erotica* e a *scientia sexualis*. De um lado — na China, no Japão, na Índia —, as artes eróticas são técnicas que têm por função a intensificação dos prazeres e onde a aprendizagem do sexo se faz ao termo de uma iniciação e de um longo ensinamento proveniente de um mestre. A experiência da sexualidade no Ocidente é, ao contrário, inteiramente apreendida em discursos normativos e legislativos, uma *scientia sexualis*, como diz Foucault, que não enfrenta a questão da intensificação dos prazeres, e sim a questão da verdade do desejo: o que é que constitui a verdade do sexo? O aprendizado da sexualidade é, em nossas sociedades, constantemente remetido à divisão entre o permitido e o proibido, o normal e o perverso. Sempre individual — quer dizer, não mediatizado por um mestre —, esse aprendizado põe em funcionamento as relações de poder nos elementos do comportamento de um indivíduo, até mesmo os mais íntimos. A *scientia sexualis* permite, sobretudo, articular a sexualidade com a questão da verdade, não porque o sexo permita um acesso mais autêntico à verdade, mas porque a verdade — a verdade sobre o sexo — abre um acesso à sexualidade. Dois processos que se remetem sempre um ao outro:

> Nós lhe pedimos que diga a verdade; e lhe pedimos que diga a verdade, ou melhor, nós lhe pedimos que diga a verdade profundamente ocultada da verdade de nós mesmos que acreditamos possuir em consciência imediata [*A vontade de saber*, p. 93].

É também a partir dessa distinção antropológica que o título do livro assume todo o sentido. Ao falar de "vontade de saber" (título de seu primeiro curso no Collège de France), Foucault não pretende simplesmente utilizar um simples sinônimo de "conhecimento", termo que corresponde àquilo que encontramos em obras de direito, de história, de filosofia, ou até em textos científicos ou religiosos. Foucault quer ampliar o campo clássico de análise da sexualidade para outros lugares, para outros discursos, como os regulamentos, os tratados de teologia moral, as obras de medicina e de psiquiatria, os manuais de educação e os dispositivos arquitetônicos, como os dos colégios no século XIX, perfeita ilustração da focalização sem precedentes do poder sobre o sexo nas sociedades ocidentais. Essa história da sexualidade é, de início, uma história dos discursos habituais sobre o sexo. Discursos que emanam de três núcleos que desenvolveram, a propósito da sexualidade, enunciados e táticas específicos de poder.

A partir do século XIII, a Igreja possibilita uma primeira aproximação entre sexualidade e verdade a partir do rito da confissão. A confissão católica, que sempre foi um meio de regular a vida sexual dos fiéis, foi intensificada com a Contra-Reforma, a ponto de se tornar obrigatória. A partir dali, todos os pormenores relacionados ao sexo têm importância e são esmiuçados nos manuais dos confessores. Quando decide enfatizar a sempre mais importante história do desvelamento e da verbalização dos indivíduos a propósito de sua sexualidade pelo ritual da confissão, Foucault reaviva o processo oculto de civilização que repousa não sobre a regulação progressiva do corpo humano, mas sobre a participação ativa de seres disciplinados em seu próprio disciplinamento (ver p. 112, o box "Reconhecimento e confissão").

O segundo importante núcleo de produção de discursos sobre a sexualidade é a escola. Sob o aspecto particular do internato, e ao longo de todo o século XIX, essa instituição produz todo um saber particular sobre a educação sexual:

> Em torno do aluno e de seu sexo prolifera toda uma literatura de preceitos, de exortações, de observações, de conselhos médicos, de casos clínicos, de esquemas de reforma, de planos para instituições ideais [*A vontade de saber*, p. 40].

O último núcleo identificado por Foucault é o Estado que, a partir do século XVIII, desenvolve um novo tipo de controle das populações, que passa pelo estabelecimento de processos gerais capazes de impor e de transformar permanentemente as normas de vida: da alimentação cotidiana à organização das cidades, passando pelo controle da natalidade. A invenção da sexualidade — visto que o termo aparece no século XIX — é contemporânea da formação e da consolidação das instituições sociais modernas, que têm como objetivo não mais administrar a morte, e sim a vida das populações:

> Os mecanismos do poder voltam-se para o corpo, para a vida, para o que faz proliferar, para aquilo que reforça a espécie, seu vigor, sua capacidade de dominar, ou sua aptidão a ser utilizada [*A vontade de saber*, p. 194].

O dispositivo

A maior parte dos críticos de *A vontade de saber* se concentrou no expressivo *corpus* de textos e de regimes de discurso utilizados por Foucault, que vão do relato autobiográfico, como aquele do anônimo inglês em *My Secret Life*, aos tratados de ciências médicas e pedagógicas. A. Giddens, por exemplo, critica a insistência de Foucault em analisar exclusivamente os discursos, subestimando a importância de alguns fatores práticos da sexualidade como a formalização dos vínculos do casamento, o fato de que os cônjuges são considerados, desde o século XIX, como parceiros em um empreendimento emocional comum, o novo papel do lar e, por fim, o encolhimento da família [Giddens, 2004].

Isso é esquecer que a abordagem de Foucault busca voluntariamente interrogar esses vários discursos ao nível de sua produtividade tática ("que efeitos recíprocos de poder e de saber eles asseguram") e de sua integração estratégica ("que conjuntura e que relação de forças tornam sua utilização necessária em tal ou qual episódio dos enfrentamentos diversos que se produzem?") [*A vontade de saber*, p. 135]. É em função de seu lugar que esses discursos são integrados ou não no interior do "dispositivo de sexualidade" que, esclarece Foucault, baseia-se em um

> conjunto resolutamente heterogêneo, que comporta discursos, instituições, soluções

arquitetônicas, decisões regulamentares, leis, medidas administrativas, enunciados científicos, proposições filantrópicas, em suma: tanto o dito quanto o não dito [Foucault, 1977, nº 206].

Falar da sexualidade em termos de dispositivo não serve a Foucault apenas como descrição histórica dos muitos efeitos do poder sobre os corpos, mas para conectar entre si as táticas de poder/saber. Não houve política sexual unitária, mas, ao contrário, uma série de anexações, de inovações, de transposições das técnicas de poder. Foi assim, por exemplo, que ele pôde inscrever a psicanálise no dispositivo de sexualidade, puxando uma linha que iria da pastoral do século XVII àquilo que foi sua projeção na literatura escandalosa do século XVIII e que, para além de Sade, chegaria à injunção de "tudo dizer" das práticas de direção espiritual que Freud relançou ao final do século XIX [*A vontade de saber*, p. 30]. É a incitação a falar que aproxima confissão e psicanálise e que reforça o dispositivo de sexualidade vinculando o sexo à questão da família.

Entender o funcionamento do poder

A vontade de saber é também, em boa parte, uma história do poder. Ali, Foucault questiona a modalidade jurídica e negativa do poder que, desde Hobbes e Rousseau, pesa sobre a decifração e a análise do poder e de seu funcionamento. Contudo, a tese mais original da analítica foucaultiana do poder é demonstrar que, em nossas sociedades, o poder opera não pela repressão das pulsões sexuais, mas pela produção de múltiplas sexualidades que, por sua classificação, distribuição e hierarquização moral, ou são aprovadas como comportamentos normais, ou, contrariamente, marginalizadas, disciplinadas e normalizadas. O que torna esse livro, ainda hoje, tão apaixonante não é tanto que a sexualidade seja vista sob o ângulo da construção social, mas que Foucault decida se instalar no mesmo nível dos mecanismos locais de restrição. Cada um deles detém sua própria história, quer se trate da vigilância médica, dos regulamentos pedagógicos ou ainda das regras de confissão... Para ele, partir desses micromecanismos permite chegar às regras de difusão das novas formas de restrição no conjunto do corpo social e, assim, criticar a falsa afirmativa segundo a qual a burguesia repressiva teria, no século XIX, imposto amplamente às classes sociais mais pobres um modelo moral de sexualidade reduzindo-a à ideia de mera reprodução. Inicialmente, foi contra si mesma que a burguesia fixou essas regras repressivas como meio de diferenciação e de valorização diante de outras classes sociais:

> Mais que uma repressão sobre o sexo das classes a explorar, tratou-se inicialmente do corpo, do vi-

gor, da longevidade, da progenitura e da descendência das classes que dominavam [*A vontade de saber*, p. 162].

Uma questão tática: situar a repressão

Ao ironizar o discurso da liberação sexual, à época amplamente difundido pelo freudomarxismo, *A vontade de saber* se inscreve na vertente de outras obras críticas, como o *Anti-Édipo* de Deleuze e Guattari, de 1972, ou *A economia libidinal* de Lyotard, de 1974. Contudo, diferentemente dessas duas obras, Foucault desencadeia uma primeira grande crítica ao espírito libertário que animava as jornadas de "maio de 1968", visando diretamente às análises de Reich, de Marcuse ou do historiador holandês Van Ussel, que, em sua obra sobre a história da repressão sexual (1972), sustentava que o desenvolvimento da sociedade capitalista transformara nossa relação com o corpo, transformando-o em um instrumento de desempenho necessário às exigências da produção. Repressão sexual e alienação no trabalho são as consequências de uma mesma ordem social na qual a família, que é o principal veículo da autoridade pela ideologia que inculca às crianças, impede o desenvolvimento natural da sexualidade, provocando recalcamento, angústia e neurose. Foucault relança esse debate, tentando sair do par "repressão-liberação" tal qual posto pelos freudomarxistas e se perguntando que sentido dar ao relato de liberação que vê no período vitoriano o ponto mais alto da repressão sexual e que tenta explicar o processo de repressão da sexualidade por um vínculo evidente entre a ascensão do capitalismo e o poder da burguesia. O essencial é entender que houve uma "fábrica" da sexualidade, mas sobretudo entender por que existem tantos discursos, por vezes, verborrágicos em torno da sexualidade que até hoje continuam a ser apresentados como um segredo.

Para Foucault, é falso acreditar tanto na repressão como em determinada história dela. É impossível demarcar repentinamente, no final do século XIX, o advento de uma moral rigorista. Assim como é completamente falso, continua ele, acreditar que a inserção do proletariado no trabalho tenha levado a pôr o corpo e os prazeres em suspensão e que a sexualidade, desde então, tenha ficado confinada ao quarto do casal, tendo como única e exclusiva função a reprodução da espécie e da força de trabalho. Na época vitoriana, época de um pretenso puritanismo exacerbado, uma certa franqueza é sempre conveniente. A hipótese repressiva não dá conta dessa intensa produção discursiva, que se exprime menos em termos de proibição e de interdição do que de adoção, pelo poder, do registro do interesse público que apela a procedimentos específicos de gestão da sexualidade.

A sexualidade não foi reprimida, antes foi objeto de mecanismos mais sutis de sedução, de investimentos e de reinvestimentos sucessivos da parte do poder, como, por exemplo, no caso da célula familiar. É pelo fato de terem pensado a sexualidade em termos jurídicos que os principais teóricos da liberação não conseguiram se libertar do mundo da repressão. Eles chegaram até a prolongá-lo, criando esse elemento imaginário que é o "sexo". É por sinal

> essa desejabilidade do sexo que fixa cada um de nós à obrigação de conhecê-lo, de atualizar a lei e o poder; é essa desejabilidade que nos faz acreditar que afirmamos contra todo poder os direitos de nosso sexo, quando de fato ela nos prende ao dispositivo da sexualidade [*A vontade de saber,* p. 207].

Contra o dispositivo da sexualidade, que parece poder absorver seus oponentes, inclusive os mais virulentos, que liberação ainda é concebível? Se há liberação, ela não passa por mais gozo. Não se deve acreditar, lembra Foucault, que, ao dizer sim ao sexo, diríamos não ao poder. Ao contrário, é necessário mobilizar outros pontos de apoio além do "sexo-desejo" para um contra-ataque desses, por exemplo, os "prazeres" que Foucault vai descobrir na ética grega da sexualidade, que não é uma prescrição resultante de um código de conduta ou de um regulamento que pretenderia organizar absolutamente o comportamento dos indivíduos, mas de um saber-fazer que permite aos indivíduos instaurarem determinado tipo de relação consigo mesmos, um "cuidado de si" que se fundamenta na relação de grupo, no laço de amizade e de fraternidade, ou até mesmo na relação sexual.

A problematização moral dos prazeres

Oito anos depois de *A vontade de saber* — oito anos durante os quais, como Paul Veyne observou, Foucault apreendeu a Antiguidade clássica em seus fundamentos —, são simultaneamente publicados *O uso dos prazeres* e *O cuidado de si* [1984], tomos II e III de sua história da sexualidade. O projeto inicial evoluiu para uma análise das maneiras como o homem ocidental se constituiu como sujeito durante a Antiguidade, quando a atividade e os prazeres sexuais foram problematizados por meio de uma economia, de uma estética dos comportamentos e de uma erótica dos rapazes. Três reflexões que desenharam certo tipo de experiência da sexualidade na qual dominam discursos atinentes à retenção, à abstinência e ao laço não sexual, isto fora de toda referência a uma proibição. Depois de se ter interrogado como, no século XIX, a sexualidade dos outros é governada, Foucault se interroga nesses dois tomos sobre a maneira como alguém governa a própria sexualidade e como se reconhece a si mesmo como sujeito de uma sexualidade. Um projeto que é também filosófico, posto que Foucault desenvolve sua reflexão sobre a moral grega retomando os textos clássicos de Platão, Aristóteles ou ainda dos cínicos, como Diógenes Laércio.

Medicalização da família e sexualidade

Foucault aborda a questão familiar em *A história da loucura* esclarecendo como Pinel recompôs em seu novo asilo a organização familiar e, por fim, situou o louco na posição da criança que vive cotidianamente em um estado de medo mantido pelas regras e pela imediatidade dos castigos.

Em um de seus cursos, em 5 e 12 de março de 1974, Foucault se concentra na relação conflituosa entre família e Estado no século XIX, partindo da questão da medicalização da prática infantil da masturbação. Sua análise faz surgir como a prática masturbatória e, sobretudo, o questionamento dessa prática pelo conjunto da sociedade são um efeito da constituição da família no sentido moderno e restrito do termo: a saber, uma família que está integralmente saturada de relações diretas entre pais e filhos.

Em *A vontade de saber*, Foucault volta a se deter sobre o modo como o Estado controla a sexualidade no seio da nova célula familiar restrita, privilegiando ao mesmo tempo o eixo marido-mulher e o eixo pais-filhos. Esse voltar-se cada vez mais pronunciado do casal para o filho é legitimado de maneira simultaneamente científica e jurídica. Uma legitimação, continua Foucault, seguida por uma fase mais ativa de transformação das práticas familiares, bem como por uma nova trama da sociedade, trama densa e diversificada, que tem como primeira função cobrir a maioria dos aspectos da vida familiar e das relações que podem se desenvolver nela.

O sociólogo Jacques Donzelot, em *La Police des familles*, pôde notar que esse novo controle das famílias tem origem nos conselhos em favor da poupança, mas também, no caso das famílias consideradas moralmente deficientes, na criação no século XIX de estruturas tutelares que se incumbem da infância em perigo [Donzelot, 1977]. Nessa abordagem crítica da família, também é preciso reservar lugar especial para a obra de Claude Liscia, *Familles hors la loi*, na qual ela interroga o cotidiano das famílias operárias. Em sua longa introdução, a autora retoma a noção de "família" e o investimento afetivo que existe em torno da criança. Seu ponto de vista acerca dessa questão, que é amplamente compartilhado pelas teses do historiador Philippe Ariès e de Michel Foucault, lhe permite afirmar: "O advento da disciplina escolar e, mais genericamente, do disciplinamento do conjunto da sociedade na passagem do século XVIII para o século XIX, ou seja, todos os métodos que sujeitaram o corpo humano a uma 'relação de docilidade-utilidade' que o tornou 'tanto mais obediente quanto mais útil e vice-versa', produziram a família atual, caracterizada por uma estrutura psíquica e mental muito particular, indubitavelmente única" [Liscia, 1978, p. 8].

Escolha da Antiguidade?

Por que Foucault decidiu retomar a moral grega e romana? Como o indica Deleuze, a primeira razão desse deslocamento deve-se a uma sensação de mal-entendido que se seguiu à recepção de *A vontade de saber*. Para muitos leitores, esse livro mostrou um Foucault restrito à análise das relações de poder, incapaz de propor uma liberação qualquer do dispositivo da sexualidade. É a partir de 1976 que ele deixa, em seus cursos no Collège de France, a problemática, até então central, do "poder-saber", a fim de se voltar para a questão do liberalismo e do *Homo oeconomicus* (1976-1977), depois para os primórdios do monaquismo e do pastoralismo cristão (1978-1980) e, enfim, para a hermenêutica do sujeito que lhe vai permitir distinguir o sujeito antigo, que se caracteriza essencialmente como sujeito da ação reta, do sujeito moderno, que é um sujeito de conhecimentos verdadeiros.

A segunda razão que permite explicar esse recentramento no pensamento clássico relaciona-se ao modo como os gregos e os romanos conceberam os prazeres escapando tanto à proibição legal quando à pura e simples condenação de determinadas práticas. Efetivamente, sua reflexão moral está completamente voltada para o "domínio" dos prazeres, que é, lembra Foucault, uma técnica de vida, uma atitude, um modo de se comportar, uma prática social que dá lugar

> a relações interindividuais, a trocas e comunicações e, por vezes, até a instituições, [...] enfim a certo modo de conhecimento e à elaboração de um saber [*UP*, p. 59].

Apenas a Antiguidade foi capaz de pensar o sexo sem a lei e de examinar algumas práticas fora do quadro teórico da proibição. Prossegue Foucault:

> O que me surpreende na Antiguidade é que os pontos sobre os quais a reflexão é ali mais ativa a respeito do prazer sexual não são de forma alguma os pontos que representavam as formas do interdito tradicionalmente recebidas. Ao contrário, era onde a sexualidade é mais livre que os moralistas da Antiguidade se questionavam com mais intensidade e chegavam a formular as doutrinas mais rigorosas [Foucault, 1984, p. 19].

A última razão para explicar esse desvio histórico vem de outra característica essencial do mundo grego: a indissociabilidade do fato político e do cuidado ético. Toda ação moral comporta uma relação com o real no qual ela se efetiva, mas também uma relação com os códigos aos quais ela se refere, bem como com certa relação a si mesma. Diante disso, esclarece Foucault, a relação de domínio que alguém busca exercer sobre si mesmo só pode se realizar no poder que alguém exerce sobre os outros. Enquanto o tirano é incapaz de dominar suas próprias paixões, sempre inclinado a abusar do próprio poder, se desenha a imagem positiva do chefe

> capaz de exercer um poder estrito sobre si mesmo na autoridade que exerce sobre os outros; seu domínio de si modera seu domínio sobre os outros [*O uso dos prazeres*, p. 110].

Os prazeres e a moral sexual

Desde sua introdução a *O uso dos prazeres*, Foucault toma suas distâncias dos discursos históricos clássicos acerca da sexualidade. Ele recorda não ter desejado escrever uma história dos sistemas de moral, nem uma história das ideias ou das mentalidades a ser aplicada às práticas sexuais dos indivíduos, nem mesmo o estudo das normas jurídicas e religiosas da sexualidade, mas uma história dos modos de ser, isto é, das escolhas nos comportamentos. Essa "história do pensamento", como ele também a designa, se interessa por objetos, regras de ação prática e modos de relação consigo mesmo. Uma história, sobretudo, que lhe deve permitir se interrogar sobre a forma singular e sobre a maneira segundo a qual determinadas regras de ação puderam representar, em uma época determinada, uma resposta a problemas particulares. A moral sexual grega, lembra Foucault, concentrou-se mais especialmente em torno de quatro elaborações teóricas e práticas: a relação sexual, *aphrodísia*; a atividade sexual, *chresis aphrodision*; o domínio, *enkráteia*; a temperança, *sophrósyne*. Quatro elementos que encerram a questão do corpo, do regime médico, da vida matrimonial e da erótica. Em torno dessas regras de ação, várias questões surgem: os *aphrodísia* são bons ou maus para minha saúde? O que é justo ou injusto em relação a minha mulher? O que é bom ou mau para meu acesso à verdade? Foucault encontra as respostas para esses diferentes problemas em textos de *status* muito diversos: tratados médicos, preceitos pedagógicos, correspondências, interpretação de sonhos (a onirocrítica de Artemidoro). Textos cuja função é propor regras de conduta para construir uma existência harmoniosa.

"Problematização"

Em *O uso dos prazeres*, Foucault propõe uma leitura retrospectiva do conjunto de suas pesquisas a partir da noção de "problematização":

> Problematização da loucura e da doença a partir das práticas sociais e médicas, definindo determinado perfil de "normalização"; problematização da vida, da linguagem e do trabalho nas práticas discursivas, obedecendo a determinadas regras "epistêmicas"; problematização do crime e do comportamento criminoso a partir de determinadas práticas punitivas obedecendo a um modelo "disciplinar". E agora, eu gostaria de mostrar como, na Antiguidade, a atividade e os prazeres sexuais foram problematizados mediante as práticas de si, fazendo atuarem os critérios de uma "estética da existência" [*O uso dos prazeres*, p. 17-18].

Segundo Foucault, podemos definir a problematização como a historicização de alguns objetos tabu de nosso pensamento partindo da seguinte pergunta: como algo que já estava presente foi transformado, em determinado momento, em problema e como essa "problematização" mudou a própria "coisa"? Uma historicização que consiste, ainda, na restituição dos modos de validação dos discursos e das práticas tidas como verdadeiras na sociedade.

A problematização também é concebida como um exercício completamente particular do pensamento, em relação com a maneira como Foucault define o papel do "intelectual específico". Não se trata de resolver problemas, mas especialmente de instaurar uma distância, um "desprendimento" no propósito de encontrar problemas ainda presentes. Cada nova problematização decorre para o intelectual de um engajamento no seio de sua própria atualidade. Uma postura muitas vezes defendida por Foucault, como em 1984, quando ele afirma:

> Não penso que o intelectual possa, a partir apenas de suas pesquisas livrescas, acadêmicas e eruditas, fazer as verdadeiras perguntas acerca da sociedade na qual ele vive [Foucault, 1984, nº 281, p. 19].

O caso dos "rapazes"

A grande inquietude moral da Antiguidade grega refere-se à relação com os rapazes. As relações entre um "erômeno" e um "erasta" sempre comportam um risco decorrente da dissimetria que esse ato implica entre aquele que exerce a atividade e aquele sobre quem ela é exercida. O homem maduro não pode confinar permanentemente seu parceiro a uma postura considerada, ao mesmo tempo, passiva e feminina; o erômeno, um dia, deverá desempenhar um papel social e assumir responsabilidades. Desse modo, formas sutis de austeridade são inventadas para evitar esse risco e para fazer do jovem, que posteriormente será chamado a exercer sua liberdade de cidadão, um objeto de prazer sem atrair sobre ele a vergonha e a reprovação. Nota Foucault:

> O comportamento de um jovem surge, portanto, como campo especialmente sensível à divisão entre o que é vergonhoso e o que é conveniente, entre o que confere honra e aquilo que desonra. É justamente com isso que estão preocupados aqueles que querem refletir sobre os jovens, sobre o amor que se dispensa a eles e sobre a conduta que eles devem manter [*O uso dos prazeres*, p. 266].

Nesse tempo ainda, nenhuma codificação dos comportamentos regulamenta a sexualidade, ou separa o permitido do proibido. Ao contrário, um único princípio: respeito à hierarquia social. O rapaz é objeto, da parte do seu círculo, de uma solicitude suspeita e, é o que diz Foucault,

> ele é observado, espionado, seus trajes e suas relações são comentados; ao redor dele, as más línguas são ativas; os espíritos malevolentes estão prontos a culpá-lo se ele se demonstrar arrogante ou afetado [*UP*, p. 267].

Para Foucault, o interesse dessa problematização da moral sexual não está no fato de os gregos terem aceitado o amor aos rapazes, mas na reflexão que se fez em torno de uma aceitação que, na origem, não era evidente. Aceita-se que um rapaz, exatamente por ser jovem, se torne um objeto de prazer, para deixar de sê-lo depois. Para os gregos, é inicialmente a oposição entre atividade e passividade que é essencial e que marca o domínio dos comportamentos sexuais e o domínio das atitudes.

Foucault e o feminismo

Ao desencadear com sua história da sexualidade uma transformação radical das teorias acerca da sexualidade, Foucault se destacou muito rapidamente nos estudos incidentes sobre o gênero e o feminismo.

Trate-se atualmente de Judith Butler [2006], de Jana Sawicki [1991] ou de L. Mc Worther [1999], a referência aos trabalhos de Foucault permite às feministas questionarem a maioria dos estereótipos identitários de gênero, mostrando como eles são socialmente construídos. A outra importante contribuição de Foucault para os estudos de gênero refere-se a sua análise da invenção do termo e do conceito de homossexualidade. Do mesmo modo como o termo "mulher", o termo "homossexual" não se refere a uma espécie natural, é uma construção discursiva e estratégica [Halperin, 2000]. A incursão de Foucault, no início dos anos 1980, pela ética grega lhe deu a oportunidade de refletir sobre outra cultura *gay* e lésbica. Em 1982, ele declarou:

> O movimento homossexual tem mais necessidade de uma arte de viver do que de uma ciência ou de um conhecimento científico (ou pseudocientífico) do que seja a sexualidade [Foucault, 1982, nº 358, p. 735].

Uma arte de viver, acrescenta ele, que consiste

> em se situar em uma dimensão na qual as escolhas sexuais que se fez estão presentes e têm seus efeitos sobre o conjunto de nossa vida.

Escolhas sexuais, formula agora diferentemente Foucault,

> que devem ser, ao mesmo tempo, criadoras de modo de vida [Foucault, 1982, nº 311, p. 295].

Uma nova erótica: *O cuidado de si*

O objetivo do terceiro volume é mensurar a inflexão pela qual passam as escolhas morais gregas em uma arte de viver dominada, durante a era romana, por uma nova "ascese" — um novo exercício de si sobre si —, na qual os indivíduos se tomam como objeto de preocupação. No século II de nossa era, uma nova erótica se estabelece, a do "cuidado de si", que é uma retomada da *epimeleia heautou* que encontramos no "Primeiro Alcibíades" de Platão. Para Foucault, esse cuidado de si congrega o conjunto das experiências e das técnicas que elaboram o sujeito e o ajudam a se transformar a si mesmo. Ele também é da ordem de um trabalho sobre si que pode ser efetuado a partir de diversas técnicas mentais de atenção a si mesmo, do exame de consciência, da provação, mas também de outras formas de expressão de si:

> Ocupar-se de si não é uma sinecura. Há os cuidados com o corpo, os regimes saudáveis, os exercícios físicos moderados, a satisfação tão ponderada quanto possível das necessidades. Há as meditações, as leituras, as notas que fazemos nos livros ou nas conversas ouvidas, e que são relidas em sequência, a rememoração das verdades que já sabemos, mas das quais é preciso nos apropriar melhor ainda [*O cuidado de si*, p. 71].

O resultado da transformação da problematização grega dos prazeres no pensamento romano — que se distingue por uma suplementação de austeridade — também consiste, no caso mais específico da vida matrimonial, em uma nova preocupação com o casamento e com a relação conjugal. Realmente, Plutarco propõe confiar apenas à esposa os papéis da amiga e da amada, outrora separados. A partir de então, a fidelidade é reciprocamente imposta ao homem e à mulher. Para a esposa, qualquer relação sexual com outro homem está fora de questão. E ainda lhe cabe a obrigação de não levar a casa à ruína e de não desonrar seu marido. O homem tem

> a obrigação de prover às necessidades da mulher [...], a proibição de ter uma amante, ou um pro-

tegido, e de possuir outra casa (na qual pudesse manter uma concubina) [*O cuidado de si*, p. 105).

É nesse mesmo momento que assistimos à desqualificação do amor homossexual. Com Galeno, uma última grande inflexão toca o ato sexual que, a partir de então, se encontra no princípio de efeitos terapêuticos e de consequência patológicas, por vezes nefastas, para o conjunto do corpo:

> Mas [esclarece Foucault] é preciso entender claramente: não se trata, de maneira alguma, daquela que se produziu mais tarde nas sociedades ocidentais, quando o comportamento sexual foi reconhecido como portador de desvios doentios. Nesse momento, ele será organizado como um campo que terá suas formas normais e suas formas mórbidas, sua patologia específica, sua nosografia e sua etiologia — eventualmente sua terapêutica. A medicina greco-romana opera diferentemente; ela inscreve o ato sexual em um campo no qual ele está arriscado a, a qualquer momento, ser afetado e perturbado por alterações do organismo; e onde inversamente corre sempre o risco de induzir doenças diversas, próximas e remotas [*O cuidado de si*, p. 191].

Subjetivação e construção social dos comportamentos

A problemática foucaultiana da "subjetivação", na qual se trata de cada um encontrar, em si mesmo, a maneira de se conduzir e, sobretudo, de se governar, está fortemente ligada à questão política. Nesse processo, com efeito, trata-se, em última instância, sempre de um poder sujeitador. Por trás dessa análise da sexualidade se esconde, para Foucault, a questão mais profunda dos indivíduos: como são eles produzidos, ou especialmente, como os produzimos como objetos a partir de técnicas disciplinares e conduzindo-os, ao mesmo tempo, a falar de si mesmos, a se explicarem não apenas a si mesmos, mas também aos outros? A subjetivação não é, portanto, objeto de uma prescrição resultante de um código de conduta ou de um regulamento que busca absolutamente organizar o comportamento dos indivíduos. Ela não significa também a aceitação estrita de uma moral, mas sobretudo uma aceitação livre de um modo de vida, de uma conduta ou até mesmo de um hábito.

Conceito intermediário entre o subjetivo e o objetivo, mas também entre o individual e o institucional, a subjetivação permite mostrar como o sujeito da prática pode ser determinado, mesmo permanecendo em ação. Por isso, não se pode dizer que Foucault tenha passado, como geralmente se diz, do "político" para o "ético", exatamente porque o ético do qual ele fala nos dois últimos volumes de sua *História da sexualidade* refere-se à questão das relações entre os indivíduos, bem como à questão das relações dos indivíduos consigo mesmos.

Nesse ponto, e como o indica Paul Veyne, é preciso tentar juntar, e isso como dois processos idênticos, o *habitus* de Bourdieu, que não pode ser reduzido nem por um momento a um automatismo, a uma repetição ou até mesmo a uma imitação qualquer, e a subjetivação. Os dois processos têm como função reencontrar o sujeito onde havia apenas sujeição [Veyne, 2001, p. 45]. A obsessão comum a Foucault e a Bourdieu, em finais dos anos 1970, é mensurar essa margem de manobra possível para um sujeito. Uma margem de manobra, ou de liberdade, que é tanto mais importante quanto mais o indivíduo esteja consciente da real natureza das relações sociais que o determinam, por vezes, fortemente. Um postulado que, retrospectivamente, permite apreender melhor por que Foucault e Bourdieu insistiram tanto na descrição da onipresença da restrição e, em última instância, tão pouco nos processos pelos quais os sujeitos realmente se constituíram em suas relações constantes com os poderes.

Capítulo V

Pensar com Foucault

Atualmente, o lugar de Foucault nas ciências humanas e sociais é mais importante do que aquele que lhe quiseram reconhecer, enquanto estava vivo, aqueles que viram em seus trabalhos apenas uma ilustração perfeita de estruturalismo, de história sem sujeito, sem ator nem autor, e que buscaram, o tempo todo, rotulá-lo ora como um pensador anarquista, esquerdista, niilista, ora como um antimarxista mascarado que, com sua genealogia, só fez multiplicar as contradições [Habermas, 1988]. As ciências sociais esqueceram em que medida Foucault gostava de abalar as evidências e de ir constantemente além dos métodos das ciências reconhecidas e oficializadas, fazendo ouvir as vozes que ninguém mais queria escutar. São as vozes sufocadas pela instituição que ele fez atuar contra sua própria cultura para, em um gesto bachelardiano, montar-lhe uma armadilha, isto é, conferir estranheza a nossa percepção costumeira de alguns objetos (loucura, doença, delinquência, sexualidade), dos discursos a eles subjacentes e das instituições que os encarnam.

É impossível querer domesticar o conjunto da formidável retomada dos usos foucaultianos pelo mundo todo. Para nos convencer da atualidade de Foucault, basta evocar o papel que ele desempenhou na análise da figura do especialista; no questionamento da noção de segurança em torno do cotidiano das práticas policiais e da insistência dos políticos em fazerem da manutenção da ordem um item central do debate público; também na crítica à prisão, que permitiu inaugurar um novo tipo de saber sobre seu cotidiano e seu funcionamento; no desenvolvimento de uma história da homossexualidade como comunidade constitutivamente precária e obrigada a se reinventar permanentemente; enfim, na atualização da infrapolítica oculta, que constitui o essencial da vida política dos dominados que, mesmo assim, desenvolvem estratégias de torção do poder a partir do interior, reconquistando assim uma parte de sua própria subjetividade individual e coletiva.

A "filosofia" de Foucault é uma filosofia do deslocamento, é decididamente antidoutrinal. Não é daquelas filosofias que podem ser apresentadas sob a forma do desenvolvimento de uma intuição primeira ou como a construção cada vez mais elaborada de um sistema. Não se trata de uma "obra" que possua uma unidade essencial que seus comentadores teriam por tarefa desvelar. Trata-se do exato contrário disso. As reflexões de Foucault não pretendem ser nem sistemáticas, nem mesmo absolutamente coerentes. Elas são elaboradas em um movimento de abandono das evidências que é preciso interrogar para demonstrar suas condições históricas de possibilidade. Nesse ponto, o discurso foucaultiano atribui à filosofia e às ciências humanas suas próprias condições de enunciação. Foucault se afasta da pesquisa de uma provável origem ou fundamento dos fenômenos que analisa, mas, sobretudo, torna impossível estabelecer qualquer princípio universal segundo o qual julgar o curso das coisas humanas.

Se a apropriação de Foucault pelas ciências sociais situou-se inicialmente no nível de um quadro interpretativo geral que permitiu restituir a importância do político sobre outras esferas, como o econômico e o social, seus trabalhos não podem ser reduzidos apenas a essa propriedade, que tendeu a relegar suas contribuições empíricas e especialmente sua dimensão fortemente operatória para as ciências sociais [Baudrillard, 1977]. Uma vez ressituadas em suas dinâmicas e restituídos seus contextos de produção, quatro pistas permitiriam organizar a atual relação de Foucault com as ciências sociais:

Crítica à história e ceticismo radical

Se as críticas que Foucault dirigiu aos métodos da história clássica são recorrentes, é especialmente à história — entendida como história de certo número de sistemas de pensamento, ao mesmo tempo, cronológica e espacialmente determinados — que ele vincula seu projeto. É inicialmente a nomes de historiadores que ele se refere quando interrogado sobre a natureza de seu trabalho depois de *As palavras e as coisas*: Braudel, Furet, Richet, Le Roy Ladurie e, mais tarde, Chaunu, Ariès ou Mandrou. Contudo, ao longo de suas pesquisas, ele há de alterar as tradicionais articulações da disciplina histórica. É, por exemplo, ao recusar qualquer abordagem globalizante do real, desconstruindo essa

> espécie de grande e vasta continuidade em que viriam se emaranhar a liberdade dos indivíduos e as determinações históricas e sociais [Foucault, 1968, nº 55, p. 662],

que ele passa a se interessar, por meio da fragmentação dos saberes, à análise das transformações que incidem sobre um fenômeno. Uma deriva histórica que Foucault vincula à Escola dos Anais, mas que também amplia à Escola Histórica de Cambridge ou à Escola Soviética [Foucault, 1967, nº 48, p. 585].

A arqueologia não recua no tempo para procurar a origem dessa ou daquela instituição, desse ou daquele enunciado, mas, ao partir de um problema atual, questiona os processos que subjazem à constituição e à estabilização desses fenômenos no tempo. Essa "história das singularidades não necessárias", como Foucault também vai chamá-la, deve justamente permitir distinguir, particularizar e atualizar diferentes formas ou configurações de poder e de saber. Segundo Paul Veyne, a maneira de Foucault atribuir determinados limites ao discurso dos historiadores e, mais genericamente, aos discursos de autoridade, permite recusar toda tentativa de interpretação: a história é inicialmente uma narração. De um ponto de vista estritamente epistemológico, dado que as ciências sociais não podem ser neutras, e é isso o que ele nos mostra no conjunto de seus trabalhos, elas não devem tentar sê-lo falsamente. Nesse sentido, se o discurso mantido pela sociologia ou pela história sobre a sociedade tem valor de verdade, essa verdade permanece relativa à sociedade que a atesta ou que tem, também, a capacidade de falseá-la.

Descrições dos fatos, dos gestos, do dizer e dos pensamentos, a história de Foucault rompe com os quadros clássicos de análise para privilegiar as práticas e a "vivência" dos dominados, com isso, fazendo aparecer conteúdos históricos mascarados em sistematizações formais. Uma história que se opõe ao saber histórico chamado de "científico" pela consideração dos saberes locais, saberes privados de todo reconhecimento científico.

A análise do discurso e das "práticas" discursivas

A arqueologia é, então, um modo de investigação histórica particular que se opõe à antiga prática do comentário e às interpretações psicológicas, privilegiando os conceitos de descontinuidade, de ruptura, de limiar, de limite, de série e de transformação. Trata-se de examinar o que possibilita o "enunciado" enquanto

> elemento último indecomponível, suscetível de ser isolado em si mesmo e capaz de entrar em um jogo de relações com outros elementos semelhantes [*Arqueologia do saber*, p. 106].

Se Foucault demonstra reservas em relação aos métodos tradicionais de análise em história das ideias — pesquisa da "gênese", tentação de "totalização", oposição "original-banal", leitura "continuísta" da história —, é para mais bem demonstrar que a análise arqueológica não tenta estabelecer hierarquia de valores entre os enunciados, mas, sobretudo, entender sua regularidade ou sua irregularidade e rareza. Diferentemente da frase ou da proposição, o enunciado tem uma existência material, um suporte, um lugar e uma data. Uma frase, esclarece ainda Foucault,

> não constitui o mesmo enunciado se for articulada por alguém no decorrer de uma conversa, ou impressa em um romance; se foi escrita um dia, há séculos, e se reaparece agora em uma formulação oral [*Arqueologia do saber,* p. 132].

Foucault quer, antes de qualquer outra coisa, retranscrever os discursos em suas positividades, quer dizer, em suas condições espaciais e temporais de expressão.

Os discursos são práticas sujeitas a regras particulares, entre elas, a regra de estarem sempre ligados a seu contexto de produção. Quais são, muito concretamente, as condições de aparição, de desenvolvimento e de desaparição dos discursos? Por que o conteúdo dos discursos varia em medida tão expressiva de acordo com as épocas? Por que, em uma mesma época, alguns conceitos, frases e noções entram e permanecem na memória e no dia a dia dos indivíduos, enquanto outros são rejeitados ou silenciados? Olhando mais de perto, a arqueologia tem como função

> demonstrar que falar é fazer algo [...], mostrar que acrescentar um enunciado a uma série preexistente de enunciados é fazer um gesto complicado e custoso, que implica condições (e não apenas uma situação, um contexto, motivos) e que comporta regras (diferentes das regras lógicas e linguísticas de construção) [*Arqueologia do saber*, p. 272].

Assim como os discursos, a ideologia deve ser abordada como instância material, datada e implicada em um *socius* complexo e que, em retorno, tem efeitos sobre o real.

E Foucault ainda esclarece: os discursos só são analisáveis sob um feixe de explicações que ligam as instituições, os processos econômicos e sociais, as formas de comportamento, os sistemas de normas, as técnicas e os tipos de classificações. O nascimento e os desenvolvimentos da psiquiatria, por exemplo, são indissociáveis de todo um jogo de relações

> entre a hospitalização, o internamento, as condições e os procedimentos da exclusão social, as regras da jurisprudência, as normas do trabalho industrial: em suma, todo um conjunto que caracteriza a formação de seus enunciados [*Arqueologia do saber*, p. 233-234].

Esse caráter fortemente pluralista confere à arqueologia foucaultiana uma forte proximidade com o "princípio de simetria", de uso atualmente muito frequente na "sociologia pragmática" (Latour, Calon, Lascoumes). Criado por David Bloor, esse princípio afirma que a sociologia deve explicar da mesma maneira o verdadeiro e o falso, os êxitos e os fracassos, as teorias em voga e as teorias silenciadas [Bloor, 1976]. O princípio de simetria convida o pesquisador a reconstruir todos os processos, científicos ou não, que asseguram o sucesso de uma teoria, seguindo tanto os argumentos quanto os contra-argumentos. Trata-se de evitar, como já o preconiza Foucault, estabelecer uma distinção de natureza entre dois fenômenos antes de seu exame, rompendo com qualquer juízo sobre a verdade ou a falsidade de um conhecimento, sobre a racionalidade ou a irracionalidade de um procedimento, sobre o sucesso ou o fracasso de um programa.

A hipótese do saber/poder

A quase totalidade dos escritos de Foucault faz e repete uma pergunta obsedante para ele: como o poder se transforma em um saber que, por sua vez, se instala como verdade na sociedade? Na ementa de seu curso no Collège de France, intitulado *Teorias e instituições penais* [1971-1972], ele indica:

> As relações de poder não desempenham apenas, no que se refere ao saber, um papel de facilitação ou de obstáculo; elas não se contentam em favorecê-lo ou em estimulá-lo, em falseá-lo ou em limitá-lo [...]. O problema não é, então, apenas determinar como o poder se subordina ao saber e o faz servir a seus fins ou como ele se superimpõe ao saber e lhe impõe conteúdos e limitações ideológicas [Foucault, 1972, nº 115, p. 389].

Essa questão o obrigou, em várias ocasiões, a explicar como as estruturas que definem o poder se articulam àquelas que definem o saber para um reforço recíproco dos dois eixos. Segundo Deleuze, é perfeitamente possível conceder a essa questão da relação entre saber e poder vários desenvolvimentos acerca dos campos de aplicação possíveis desses dois eixos: o poder mobiliza "pontos" de afeto ou de força, enquanto o saber recorre a formas organizadas; o poder consiste em uma relação de forças, enquanto o saber é uma relação entre duas "formas", o visível e o enunciável; o poder diz respeito a matérias não formadas, o saber se aplica unicamente a matérias finalizadas; o poder é constitutivo de uma microfísica, o saber, de uma macrofísica; o poder é objeto de uma estratégia, o saber, de uma estratificação; o poder é cartografia, enquanto o saber é arquivo [Deleuze, 1986]. Não obstante essas diferenças de formas e de funções, o saber permite ao poder se reproduzir e se conservar, ao passo que o poder permite ao saber se atualizar.

O saber, sobretudo, legitima o exercício do poder que, por sua vez, lhe fornece novos objetos de investimento. Em suma, e como Foucault supõe,

> é preciso, acima de tudo, admitir que o poder produz o saber (e não simplesmente favorecendo-o porque ele o serve, ou aplicando, porque ele é útil); que poder e saber se implicam diretamente um ao outro; que não existe relação de poder sem correlata constituição de um campo de saber, nem de saber que não suponha e não constitua, ao mesmo tempo, relações de poder [*SP*, p. 37].

A sociologia do conhecimento soube retomar uma parte desse programa para desqualificar, em especial, a problemática até então central do sujeito cognoscente, como a centralidade da noção de configuração [Fabiani, 2004, p. 105]. As contribuições da hipótese foucaultiana são ainda mais visíveis no campo da análise do discurso e da crítica dos funcionamentos ideológicos das práticas linguísticas. Profundamente empírico, o pensamento de Foucault permite apreender não os sistemas de interpretação estabilizados, mas, ao contrário, as condições de emergência desses sistemas; o processo que presidiu sua constituição. Não se trata de responder à questão das intenções primeiras, ou da origem, mas de mostrar a convergência de elementos diversos a partir de seus efeitos e da orientação comum que eles desenham no corpo social.

Uma filosofia de campo

Mais que uma simples postura, o "intelectual específico" (ver *supra* "Um filósofo engajado", p. 41) confirma, no campo da ação e do comprometimento, o que a filosofia, desde Kant, nunca deixou de interrogar, a saber, o que se passa atualmente. Dessa forma, interrogar a atualidade equivale, para Foucault, a interrogar as condições de possibilidade daquilo que nós somos para entender, no mesmo gesto, o que faz aquilo que somos. Esse diagnóstico histórico é feito em dois níveis. Em um primeiro nível, considerar o conjunto dos discursos efetivamente pronunciados em uma época dada e que fizeram e, de certa forma, continuam a fazer acontecimento para desdobrar um raciocínio histórico. Esse discurso, explica Foucault,

> não consiste em caracterizar simplesmente o que nós somos, mas, seguindo as linhas de fragilidade de hoje, em chegar a apreender por onde o que é e como é poderia não ser mais o que é [Foucault, 1983, nº 330, p. 448].

Em um segundo nível, ver a possibilidade de um afastamento. É claro que somos historicamente determinados, mas cada sujeito possui uma virtualidade revolucionária e pode dar provas de uma nova subjetivação.

Segundo Robert Castel, é preciso levar em conta essa maneira de interrogar o presente, que mescla retorno histórico e consideração do que está para advir, como uma das maneiras privilegiadas de fazer da sociologia que, desde suas origens, está ligada ao presente e tenta entender as configurações problemáticas. De todo modo, a sociologia não pode nem se pensar, nem se construir no fio da navalha da atualidade. É ao analisar um problema no decorrer de sua evolução que é possível depreender uma reflexão válida em profundidade. O sociólogo tem como tarefa reativar a carga de passado contida no presente, ou seja, "fazer algo semelhante a uma genealogia do presente, ou uma problematização histórica das questões atuais" [Castel, 1977].

Contudo, a crítica foucaultiana do presente não visa nem legitimar nem realizar um ideal filosófico, mas desmascarar a complacência dos indivíduos para com sua situação social: por que aceitamos tão alegremente a situação presente, por que obedecemos tão facilmente às formas delirantes de poder, cujo efeito é nos tornar sempre mais dóceis? O ambicioso empreendimento de Foucault é propor um verdadeiro trabalho de trincheira que deve nos autorizar a pensar diferentemente os

> sistemas de pensamento que restringem nossa visão de mundo [*O uso dos prazeres*, p. 10].

Disso resulta uma última questão: para além de Foucault, podemos nos perguntar quais são as condições de possibilidade da elaboração de uma crítica e, finalmente, de uma contestação de um sistema cujo propósito é manter sobre os indivíduos os efeitos da dominação e das sujeições? Desse ponto de vista, as obras de Foucault foram julgadas como esterilizantes, paralisantes e anestesiantes. Livros dos quais é impossível sair, como *Vigiar e punir* e sua angustiante descrição de uma sociedade disciplinar, mas sobretudo livros que não nos dizem como "sair de tal sociedade", contribuindo com isso para o desencorajamento geral de toda uma geração.

A crítica foucaultiana é encarada sob um estranho paradoxo: se seu procedimento visa atualizar o inconsciente social, ela torna simultaneamente impossível qualquer tentativa de poder se libertar dele. Foucault não oferece resposta alguma, nenhuma solução. Mas é justamente aí que é preciso buscar sua maior atualidade. O projeto foucaultiano é justamente fazer de modo que seus leitores não saibam mais o que fazer. É nesse exato momento que os atos, os gestos, os discursos que parecem patentes se tornam problemáticos, perigosos, difíceis. A crítica não é uma premissa de um novo raciocínio. Ao recusar se abandonar a modelos reducionistas, aproximando o que separa e afastando o que estava exageradamente próximo, Foucault não oferece modo algum de emprego estável, nenhum método verdadeiro aplicável tal qual. De fato, se ele revolucionou determinadas práticas das ciências sociais, foi inicialmente por ter sabido manter um estado de desconfiança contra toda tentativa de síntese e contra todo esforço de reconciliação em proveito da disseminação e do heterogêneo. Foucault faz aproximações, desconstrói, formula hipóteses, constrói analogias, escreve "ficções históricas", lança conceitos, retira-os, modifica-os, mas, em última instância, obriga seus leitores, sociólogos ou não, a questionar suas evidências e a se situar em "ruptura" em relação a sua concepção do mesmo e do outro, da lei e da transgressão, da normalidade e da anormalidade...

Foucault oferece uma espécie de desafio. Desafio permanente que deve nos permitir evitar toda forma de rotinização de uma prática de investigação, ou de uma prática de pesquisa inscrevendo-se em uma perspectiva teórica — genealógica — e política que, a despeito de todas as suas ambições, obriga a avaliar permanentemente aquilo que nós fazemos.

Referências bibliográficas

Textos de Michel Foucault

Obras

[1954], *Maladie mentale et personnalité*. Paris: PUF. Obra reeditada em 1962, com novo título: *Maladie mentale et psychologie*. [Ed. pt.: *Doença mental e psicologia*. Lisboa: Edições Texto & Grafia, 2008.]

[1961], *Folie et déraison, histoire de la folie à l'âge classique*. Paris: Plon, Civilisations d'hier et d'aujourd'hui, 1961. Reeditada pela Gallimard na Bibliothèque des histoires: Paris, 1972. [Ed. br.: *História da loucura*. São Paulo: Perspectiva, 2010.]

[1963], *Naissance de la clinique, une archéologie du regard médical*. Paris: PUF. [Ed. br.: *O nascimento da clínica*. Rio de Janeiro: Forense Universitária, 2011.]

[1963], *Raymond Roussel*. Paris: Gallimard. [Ed. br.: *Raymond Roussel*. Rio de Janeiro: Forense Universitária, 1999.]

[1966], *Les Mots et les choses. Une archéologie des sciences humaines*. Paris: Gallimard, Bibliothèque des sciences humaines. [Ed. br.: *As palavras e as coisas: uma arqueologia das ciências humanas*. São Paulo: Martins Fontes, 2007.]

[1969], *L'Archéologie du savoir*. Paris: Gallimard. [Ed. br.: *A arqueologia do saber*. Rio de Janeiro: Forense Universitária, 2012.]

[1971], *L'Ordre du discours, leçon inaugurale du Collège de France*. Paris: Gallimard. [Ed. br.: *A ordem do discurso*. São Paulo: Edições Loyola, 2012.]

[1973], *Moi, Pierre Rivière, ayant égorgé ma mère, ma sœur et mon frère... Un cas de parricide au XIXe siècle*, apresentado por Michel Foucault. Paris: Gallimard, Archives. [Ed. br.: *Eu, Pierre Rivière, que degolei minha mãe, minha irmã e meu irmão*. Rio de Janeiro: Edições Graal, 2010.]

[1975], *Surveiller et punir. Naissance de la prison*. Paris: Gallimard, Bibliothèque des histoires. [Ed. br. *Vigiar e punir*. Petrópolis: Editora Vozes, 2011.]

[1976], *Histoire de la sexualité I: la volonté de savoir*. Paris: Gallimard. [Ed. br.: *História da sexualidade: vol. 1 — a vontade de saber*. São Paulo: Edições Graal, 2010].

[1978], *Herculine Barbin dite Alexina B*, apresentado por Michel Foucault. Paris: Gallimard, Vies parallèles. [Ed. br.: *Herculine Barbin: o diário de um hermafrodita*. Rio de Janeiro: Francisco Alves, 1982.]

[1982], (em colaboração com FARGE, A.), *Le Désordre des familles. Lettres de cachet des archives de la Bastille au XVIIIe siècle^*. Paris: Julliard/Gallimard, Archives.

[1984], *Histoire de la sexualité. II: l'usage des plaisirs*. Paris: Gallimard. [Ed. br.: *História da sexualidade: vol. 2 — o uso dos prazeres*. São Paulo: Edições Graal, 2010.]

[1984], *Histoire de la sexualité. III: le souci de soi*. Paris: Gallimard. [Ed. br. *História da sexualidade: vol. 3 — o cuidado de si*. São Paulo: Edições Graal, 2007.]

Cursos no Collège de France

[1997], *II faut défendre la société, cours au Collège de France (1975-1976)*. Paris: Gallimard/Seuil. [Ed. br.: *Em defesa da sociedade*. São Paulo: Martins Fontes, 2010.]

[2000], *Les Anormaux, cours au Collège de France (1974-1975)*. Paris: Gallimard/Seuil. [Ed. br.: *Os anormais*. São Paulo: Martins Fontes, 2011.]

[2001], *L'Herméneutique du sujet, cours au Collège de France (1981-1982)*. Paris: Gallimard/Seuil. [Ed. br.: *A hermenêutica do sujeito*. São Paulo: Martins Fontes, 2011.]

[2003], *Le Pouvoir psychiatrique, cours au Collège de France (1973-1974)*. Paris: Gallimard/Seuil.

[2004], *Sécurité, territoire, population, cours au Collège de France (1977-1978)*. Paris: Gallimard/Seuil.

[2004], *Naissance de la biopolitique, cours au Collège de France (1978-1979)*. Paris: Gallimard/Seuil.

[2008], *Le Gouvernement de soi et des autres, cours au Collège de France (1982-1983)*. Paris: Gallimard/Seuil. [Ed. br.: *O governo de si e dos outros*. São Paulo: Martins Fontes, 2011.]

[2009], *Le Gouvemement de soi et des autres. II: Le courage de la vérité, cours au Collège de France (1983-1984)*. Paris: Gallimard/Seuil. [Ed. br.: *A coragem da verdade: o governo de si e dos outros II*. São Paulo: Martins Fontes, 2011.]

[2011], *La Volonté de savoir, cours au Collège de France (1970-1971)*. Paris: Gallimard/Seuil.

Artigos

As referências dadas remetem aos quatro tomos de *Dits et écrits*, 1954-1988. Edição estabelecida sob a direção de Daniel Defert e François Ewald com a colaboração de Jaques Lagrange, *tomo I, 1954-1969 (DE I); tomo II, 1970-1975 (DE II); tomo III, 1976-1979 (DE III); tomo IV, 1980-1988 (DE IV)*, Gallimard: Paris, 1994. Existe uma segunda edição em dois volumes: Paris: Gallimard, Quarto, 2001. A numeração dos textos é idêntica nas duas edições.

[1957], La psychologie de 1850 à 1950, *DE I*, nº 2, p. 120-137.

[1957], La recherche scientifique et la psychologie, *DE I*, nº 3, p. 137-159.

[1961], La folie n'existe que dans une société, *DE I*, nº 5, p. 167-169.

[1967], Nietzsche, Freud, Marx, *DE I*, nº 46, p. 564-580.

[1967], La philosophie structuraliste permet de diagnostiquer ce qu'est "aujourd'hui", *DE I*, nº 47, p. 580-584.

[1967], Sur les façons d'écrire l'histoire, *DE I*, nº 48, p. 585-600.

[1968], Interview avec Michel Foucault, *DE I*, nº 54, p. 651-662.

[1968], Foucault répond à Sartre, *DE I*, nº 55, p. 662-669.

[1968], Réponse à une question, *DE I*, nº 58, p. 673-695.

[1968], Sur l'archéologie des sciences, *DE I*, nº 59, p. 696-731.

[1970], Folie, littérature, société, *DE II*, nº 82, p. 104-128.

[1971], Nietzsche, la généalogie, l'histoire, *DE II*, nº 84, p. 136-157.

[1971], Entretien avec Michel Foucault (sur *L'Archéologie du savoir*), *DE II*, nº 85, p. 157-174.

[1971], Tract ronéotypé (Manifeste du GIP), *DE II*, nº 86, p. 174.

[1971], Sur les prisons, *DE II*, nº 87, p. 175-176.

[1971], Enquête sur les prisons: brisons les barreaux du silence, *DE II*, nº 88, p. 176-182.
[1971], Le discours de Toul, *DE II*, nº 99, p. 236-238.
[1972], Revenir à l'histoire, *DE II*, nº 103, p. 268-281.
[1972], Le grand enfermement, *DE II*, nº 105, p. 296-306.
[1972], Les intellectuels et le pouvoir, *DE II*, nº 106, p. 306-316.
[1972], Pourquoi le travail social?, *DE II*, nº 107, p. 316-340.
[1972], Les problèmes de la culture, un débat Foucault--Pretri, *DE II*, nº 109, p. 369-380.
[1972], Théorie et institutions pénales, *DE II*, nº 115, p. 389-394.
[1974], Prisons et asiles dans les mécanismes du pouvoir, *DE II*, nº 136, p. 521-525.
[1974], La vérité et les formes juridiques, *DE II*, nº 139, p. 538-646.
[1974], Folie, une question de pouvoir, *DE II*, nº 141, p. 660-664.
[1975], Des supplices aux cellules, *DE II*, nº 151, p. 716-720.
[1975], Entretien sur le livre et sa méthode, *DE II*, nº 156, p. 740-754.
[1975], Asiles. Sexualités. Prisons, *DE II*, nº 160, p. 771-783.
[1975], Michel Foucault, les réponses du philosophe, *DE II*, nº 163, p. 805-817.
[1976], Questions à Michel Foucault sur la géographie, *DE III*, nº 169, p. 28-40.
[1976], Crise de la médecine ou de l'antimédecine, *DE III*, nº 170, p. 40-58.
[1976], La fonction politique de l'intellectuel, *DE III*, nº 184, p. 109-114.
[1977], Entretien avec A. Fontana, *DE III*, nº 192, p. 140-160.

[1977], La naissance de la médecine moderne, *DE III*, nº 196, p. 207-228.
[1977], La vie cles hommes infâmes, *DE III*, nº 198, p. 237-253.
[1977], L'asile illimité, *DE III*, nº 202, p. 271-275.
[1977], Le jeu de Michel Foucault, *DE III*, nº 206, p. 298-329.
[1977], Le pouvoir, une bête magnifique, *DE III*, nº 212, p. 368-383.
[1977], Michel Foucault, la sécurité et l'État, *DE III*, nº213, p. 383-388.
[1978], L'évolution de la notion d'individu dangereux dans la psychiatrie légale du XIXe siècle, *DE III*, nº 220, p. 443-464.
[1978], Attention danger, *DE III*, nº 228, p. 507-508.
[1978], La scène de la philosophie, *DE III*, nº 234, p. 571-595.
[1978], Précisions sur le pouvoir. Réponses à certaines critiques, *DE III*, nº 238, p. 625-635.
[1978], La gouvernementalité, *DE III*, nº 239, p. 635-667.
[1979], La stratégie du pourtour, *DE III*, nº 270 p. 794--796.
[1980], Table ronde du 20 mai 1978 — "L'impossible prison", *DE IV*, nº 278, p. 20-34.
[1980], Foucault étudie la raison d'État, *DE IV*, nº 280, p. 37-41.
[1980], Entretien avec Michel Foucault, *DE IV*, nº 281, p. 41-96.
[1980], Toujours les prisons, *DE IV*, nº 282, p. 96-100.
[1980], Le philosophe masqué, *DE IV*, nº 285, p. 104--111.
[1981], *Omnes et singulatim:* vers une critique de la raison politique, *DE IV*, nº 291, p. 134-162.
[1981], Les mailles du pouvoir, *DE IV*, nº 297, p. 182-201.

[1982], Le sujet et le pouvoir, *DE IV*, nº 306, p. 222-243.

[1983], Structuralisme et post-structuralisme, *DE IV*, nº 330, p. 431-457.

[1984], À propos de la généalogie de l'éthique: un aperçu du travail en cours, *DE IV*, nº 344, p. 609-631.

[1984], L'éthique du souci de soi comme pratique de liberté, *DE IV*, nº 356, p. 717-718.

[1984], Des espaces autres, *DE IV*, nº 360, p. 752-763.

[1988], Vérité, pouvoir et soi, *DE IV*, nº 362, p. 777-783.

[1988], La technologie politique des individus, *DE IV*, nº 364, p. 813-829.

[1993], About the Beginning of the Hermeneutics of the Self, transcription de deux conférences à Darmouth, 17 et 24 novembre 1980, in *Political Theory*, vol. 21, nº 2, p. 198-227.

Edição brasileira resumida dos Ditos e escritos

Ditos e escritos vol. I: Problematização do sujeito — psicologia, psiquiatria e psicanálise. Rio de Janeiro: Forense Universitária, 2010.

Ditos e escritos vol. II: Arqueologia das ciências e história dos sistemas de pensamento. Rio de Janeiro: Forense Universitária, 2006.

Ditos e escritos vol. III: Estética — literatura e pintura, música e cinema. Rio de Janeiro: Forense Universitária, 2006.

Ditos e escritos vol. IV: Estratégia poder-saber. Rio de Janeiro: Forense Universitária, 2012.

Ditos e escritos vol. V: Ética, sexualidade, política. Rio de Janeiro: Forense Universitária, 2012.

Ditos e escritos vol. VI: Repensar a política. Rio de Janeiro: Forense Universitária, 2010.

Ditos e escritos vol. VII: Arte, epistemologia, filosofia e história da medicina. Rio de Janeiro: Forense Universitária, 2011.

Ditos e escritos vol. VIII: Segurança, penalidade e prisão. Rio de Janeiro: Forense Universitária, 2012.

Proveniência vária

[1984], Le souci de la vérité: propos recueilli par François Ewald. *Le Magazine littéraire*, nº 207, maio, p. 18-24.

Obras e artigos

ALTHUSSER, L. [1970], Idéologie et appareils idéologiques d'État (Notes pour une recherche). *La Pensée*, nº 151.

AMIOT, M. [1967], Le relativisme culturaliste de Michel Foucault, *Les Temps modernes*, nº 248, janeiro, p. 1271-1298. Retomado em ARTIÈRES, P.; BERT, J.-F.; CHEVALIER, P. *et al.*, *Les Mots et les choses de Michel Foucault*. Caen: PUC/IMEC, 2009.

ARTIÈRES, P. [2006], Prendre la parole. Éléments pour une audiographie de Michel Foucault. *Sociologie et sociétés*, vol. 38, nº 2, p. 165-176.

ARTIÈRES, P.; BERT, J.-F.; CHEVALIER, P. *et al.* [2009], *Les Mots et les choses de Michel Foucault, regards critiques 1966-1968*. Caen: PUC/IMEC, Regards critiques.

ARTIÈRES, P.; BERT, J.-F. *et al.* [2010], *Surveiller et punir de Michel Foucault 1975-1979*. Caen: PUC/IMEC.

ARTIÈRES, P.; BERT, J.-F.; REVEL, J. *et al.* [2009], *Archives de l'infamie*. Paris: Les Prairies ordinaires.

ARTIÈRES, P.; DA SILVA, E. [2001], *Michel Foucault et la médecine. Lectures et usages*. Paris: Éditions Kimé.

Artières, P.; Jaubert, A.; Kagan, E. [2004], *Michel Foucault, une journée particulière*. Lyon: Aedelsa.

Artières, P.; Quero, L.; Zancarini-Fournel, M. [2003], *Le Groupe d'information sur les prisons: archives d'une lutte, 1970-1972*. Paris: IMEC.

Astier, I. [2007], *Les Nouvelles Règles du social*. Paris: PUF.

Barthes, R. [1961], Savoir et folie, *Critique*, nº 174.

Baudrillard, J. [1977], *Oublier Foucault*. Paris: Galilée.

Bauman, Z. [2003], L'humanité comme projet, *Anthropologie et société*, vol. 27, nº 3, p. 13-38.

Bert, J.-F. [2006], La sociologie du corps après Michel Foucault. *Corps*, nº 1, p. 53-61.

_____. [2007], *Aron/Foucault Dialogue*. Paris: Lignes.

_____. [2007], *Michel Foucault, regards sur le corps (histoire, ethnologie, sociologie)*. Metz/Strasbourg: Le Portique.

_____. [2009], La notion de médicalisation et son emploi..., in Yaya, H. S. (org.), *Pouvoir médical et santé totalitaire: conséquences socio-anthropologiques et éthiques*. Sainte-Foy: PUL, p. 101-120.

Bleitrach, D.; Chenu, A. [1979], *L'Usine et la vie: luttes régionales, Marseille et Fos*. Paris: Maspero.

Bloor, D. [1976], *Knowledge and Social Imagery*. London: Routledge.

Boltanski, L. [1971], Les usages sociaux du corps. *Annales ESC*, p. 205-233.

Bourdieu, P.; Passeron, J.-C. [1964], *Les Héritiers. Les étudiants et la culture*. Paris: Minuit.

_____. [1971], *La Reproduction*. Paris: Minuit. [ed.br.: *A reprodução*. Petrópolis: Vozes, 2008.]

Breuer, S. [1989], Foucault et l'aprés-Foucault: vers une théorie de la société disciplinaire. *Revue internationale de sciences sociales*, nº 120, p. 255-268.

Brossat, A. [1994], *Michel Foucault, les jeux de la vérité et du pouvoir*. Nancy: PUN.

Burkitt, I. [1993], "Over-Coming Metaphysics": Elias and Foucault on Power and Freedom. *Philosophy of the Social Sciences*, vol. 23, nº 1.

Butler, J. [2006], *Défaire le genre*. Paris: Amsterdam.

Canguilhem, G. [1943], *Le Normal et le pathologique*. Paris: PUF. [Ed. br.: *O normal e o patológico*. Rio de Janeiro: Forense Universitária, 7ª ed., 2011.]

____. [1965], *La Connaissance de la vie*. Paris: Vrin. [Ed. br.: *O conhecimento da vida*. Rio de Janeiro: Forense Universitária, 2012.]

____. [1967], Mort de l'homme ou épuisement du Cogito. *Critique*, nº 242, p. 599-618. Retomado em Artières, P.; Bert, J.-F.; Chevalier, P. *et al.*, *Les Mots et les choses de Michel Foucault*. Caen: PUC/IMEC, 2009.

Castel, R. [1995], *Les Métamorphoses de la question sociale*. Paris: Fayard. [Ed. br.: *As metamorfoses da questão social*. Petrópolis: Vozes, 2002.]

____. [1997], Présent et généalogie du présent, une approche non évolutionniste du changement, *Au risque de Foucault*. Paris: Editions du Centre Pompidou.

____. [2004], Entretien avec Robert Castel. *Tracés*, p. 103-113.

Certeau, M. de [1967], Les sciences humaines et la mort de l'homme. *Études*, março, t. 326, p. 344-360. Retomado em Artières, P.; Bert, J.-F.; Chevalier, P. *et al.*, *Les Mots et les choses de Michel Foucault*. Caen: PUC/IMEC, 2009.

Charpentier, J. [1977], *Médecine générale*. Paris: Maspero.

Chevallier, P. [2005], *Michel Foucault, le pouvoir et la bataille*. Paris: Pleins feux editions.

Crozier, M., Friedberg E. [1977], *L'Acteur et le système: les contraintes de l'action collective*. Paris: Seuil.

Defert, D. [2009], *Le Corps utopique, suivi de Les Hétérotopies*. Paris: Lignes.

Deleuze, G. [1966], L'homme, une existence douteuse. *Le Nouvel Observateur*, 1° de junho, p. 32-34. Retomado em Artières, P.; Bert, J.-F.; Chevalier, P. *et al.*, *Les Mots et les choses de Michel Foucault*. Caen: PUC/IMEC: 2009.

____. [1986], *Foucault*. Paris: Minuit. [Ed. br.: *Foucault*. São Paulo: Brasiliense, 1988.]

____. [1996], *Pourparlers 1972-1990*. Paris: Minuit.

Donzelot, J. [1977], *La Police des familles*. Minuit: Paris, 2004.

Donzelot, J.; Gordon, C. [2005], Comment gouverner les sociétés libérales? *Esprit*, nº 10, p. 82-95.

Dreyfus, H.; Rabinow P. [1984], *Michel Foucault, un parcours philosophique, au-delà de l'objectivité et de la subjectivité*. Paris: Gallimard. [Ed. br.: *Michel Foucault – uma trajetória filosófica*. Rio de Janeiro: Forense Universitária, 2ª ed., 2010.]

Dupuy, J.-P.; Karsenty, S. [1974], *L'Invasion pharmaceutique*. Paris: Seuil.

Elias, N. [1991], *La Société des individus*. Paris: Agora. [Ed. br.: *A sociedade dos indivíduos*. Rio de Janeiro: Zahar, 2004.]

Eribon, D. [1991], *Michel Foucault*. Paris: Flammarion.

Ewald, F. [1986], *L'État providence*. Paris: Grasset.

Ey, H. [1971], Commentaires critiques sur l'*Histoire de la folie* de Michel Foucault. *Evolution psychiatrique*, t. 36, fasc. II.

Fabiani, J.-L. [2004], La sociologie historique face à l'archéologie du savoir. *Le Portique*, nº 13-14, p. 93-109.

FAUGERON, CL.; CHAUVENET, P.; COMBESSIE, P. [1996], *Approches de la prison*. Bruxelles/Montréal: De Boeck-Université.

FIMIANI, M. P. [1998], *Foucault et Kant: critique clinique éthique*. Paris: L'Harmattan.

GARAUDY, R. [1967], Structuralisme et "mort de l'homme". *La Pensée*, nº 135, p. 107-119. Retomado em ARTIÈRES, P.; BERT, J.-F.; CHEVALIER, P. *et al.*, *Les Mots et les choses de Michel Foucault*. Caen: PUC/IMEC, 2009.

GIDDENS, A. [2004], *La Transformation de l'intimité*. Paris: Le Rouergue. [Ed. br.: *A transformação da intimidade*. São Paulo: Editora da Unesp, 2003.]

GOFFMAN, E. [1961], *Asylums. Essays on the Social Situation of Mental Patients and Other Inmates*. Garden City: Anchor Books [Ed. br.: *Manicômios, prisões e conventos*. São Paulo: Perspectiva, 7ª ed., 2003.]

GOLSE, A. [2001], *"De la médecine de la maladie à la médecine de la santé", Michel Foucault et la médecine. Lectures et usages*. Paris: Kimé, p. 273-300.

GORDON, C. [1987], The Soul of the Citizen: Max Weber and Michel Foucault on Rationality and Government, in WHIMSTER, S.; LASH, S. (orgs.), *Max Weber, Rationality and Modernity*. London: Allen and Unwin.

GROS, F. [2006], *Foucault: a coragem da verdade*. São Paulo: Parábola Editorial.

GROS, F.; LEVY C. [2003], *Foucault et la philosophie antique*. Paris: Kimé.

GUIBERT, H. [1990], *À l'ami qui ne m'a pas sauvé la vie*. Paris: Gallimard.

HABERMAS, J. [1988], *Le Discours philosophique de la modernité*. Paris: Gallimard.

HALPERIN, D.-M. [2000], *Saint Foucault*. Paris: EPEL.

HAHN, A. [1986], Contribution à la sociologie de la confession et autres formes institutionnalisées d'aveu: autothématisation et processus de civilization. *Actes de la recherche en sciences sociales*, nº 62-63, p. 54-68.

HAN, B. [1998], *L'Ontologie manquée de Michel Foucault, entre l'historique et le transcendantal*. Grenoble: Million.

HARTZFELD, H. [1963], *Le Grand Tournant de la médecine libérale*. Paris: Editions ouvrières.

HATCHUEL, A.; PEZET, E. [2005], *Gouvernement, organisation et gestion: l'héritage de Michel Foucault*. Sainte-Foy: PUL.

ILLICH, I. [1975], *Némésis médicale*. Paris: Seuil.

JEANPIERRE, L. [2006], Une sociologie foucaldienne du néolibéralisme est-elle possible?, *Sociologie et sociétés*, "Michel Foucault: sociologue?", vol. XXXVIII, nº 2, p. 87-111.

JORLAND, G. [2010], *Une société à soigner*. Paris: Gallimard.

KELKEL, A. [1985], La fin de l'homme et le destin de la pensée: la mutation anthropologique de la philosophie de Martin Heidegger et Michel Foucault, *Man and World*, nº 18, 1985, p. 3-38.

LASCOUMES, P. [1993], Foucault et les sciences humaines, un rapport de biais. L'exemple de la sociologie du droit, *Criminologie*, vol. XXVI, nº 1, 1993, p. 35-50.

_____. [1994], *L'Eco-pouvoir, environnements et politiques*. Paris: La Découverte..

LENOIR, R. [1996], La notion d'État chez Émile Durkheim et Michel Foucault, *Sociétés et représentations*, nº 2, p. 252-273.

_____. [1997], La notion de contrôle social, *Sociétés et représentations*, nº 5, dezembro, p. 295-310.

LEONARD, J. [1977], L'historien et le philosophe à propos de *Surveiller et punir*, *Annales historiques de la révolution française*, nº 288, p. 163-I181. Retomado em ARTIÈRES, P.; BERT, J.-F.; CHEVALIER, P. *et al.*, *Surveiller et punir de Michel Foucault*. Caen: PUC/IMEC, 2010.

LÉVI-STRAUSS, C. [1964], *Le Cru et le cuit*. Paris: Plon. [Ed. br.: *O cru e o cozido*. São Paulo: Cosac e Naify, 2011.]

LISCIA, C. [1978], *Familles hors la loi*. Paris: Maspero.

MC WORTHER, L. [1999], *Bodies and Pleasures. Foucault and The Politics of Sexual Normalization*. Bloomington: Indiana University Press.

MACEY, D. [1994], *Michel Foucault*. Paris: Gallimard.

MAJASTRE, J.-O. [1972], *L'Introduction du changement dans un hôpital psychiatrique public*. Paris: Maspero.

MANDROU, R. [1962], Trois clefs pour comprendre la folie à l'époque classique, *Annales ESC*, julho-agosto, p. 761-773.

MAURIAC, CL. [1986], *Le Temps immobile*, t. IX. Paris: Grasset.

MILBURN, P. [2004], Le panoptisme nouveau est-il arrivé?, *Le Portique*, nº 14-15, p. 137-149.

MILLER, J. [1993], *La Passion Michel Foucault*. Paris: Plon.

MORENO, J. L. [2006], *En devenant Foucault: sociogenèse d'un grand philosophe*. Paris: Editions du Croquant.

MOZÈRE, L. [2004], Foucault et le CERFI, *Le Portique*, nº 14-15, p. 323-339.

NIETZSCHE, F. [1887], *La Généalogie de la morale*. Paris: Nathan, 2009. [Ed. br.: *A genealogia da moral*. São Paulo: Cia. das Letras, 2009.]

PÉQUIGNOT, H. [1963], *Médecine et monde moderne. L'écran des techniques entre le médecin et le malade*. Paris: Minuit.

PETER, J.-P. [1991], Entendre Pierre Riviére, *Le Débat*, nº 66, setembro-outubro, p. 123-133.

PINATEL, J. [1975], Philosophie carcérale, technologie politique et criminologie clinique, *Revue de science criminelle et droit pénal comparé*, nº 3, p. 754-766. Retomado em ARTIÈRES, P.; BERT, J.-F.; CHEVALIER, P. *et al.*, *Suveiller et punir de Michel Foucault*. Caen: PUC/IMEC, 2010.

POLACK, J.-C. [1971], *La Médecine du capital*. Paris: Maspero.

POTTE-BONNEVILLE, M. [2009], *Foucault*. Paris: Ellipses.

PROCACCI, G. [1993], *Gouverner la misère. La question sociale en France*. Paris: Seuil.

QUÉTEL, C. [2009], *Histoire de la folie, de l'Antiquité à nos jours*. Paris: Tallandier.

RAJCHMAN, J. [1994], *Érotique de la vérité, Foucault, Lacan et la question de l'éthique*. Paris: PUF.

REVEL, J. [2002], *Le Vocabulaire de Foucault*. Paris: Ellipses. [Ed. br.: *Foucault – conceitos essenciais*. São Carlos: Claraluz, 2005.]

_____. [2007], *Dictionnaire Foucault*. Paris: Ellipses. [Ed. br.: *Dicionário Foucault*. Rio de Janeiro: Forense Universitária, 2011.]

ROBERT, P. [1975], Sociologie criminelle/Michel Foucault. *L'Année sociologique*, vol. 25, p. 476-478. Retomado em ARTIÈRES, P.; BERT, J.-F.; CHEVALIER, P. *et al.*, *Surveiller et punir de Michel Foucault*. Caen: PUC/IMEC, 2010.

ROUSTANG, F. [I976], La visibilité est un piége. *Les Temps modernes*, vol. XXXIII, nº 356, março, p. 1567-1579. Retomado em ARTIÈRES P., BERT J.-F., CHEVALIER P. *et al.*, *Surveiller et punir de Michel Foucault*, Caen: PUC/IMEC, 2010.

RUSCHE, G.; KIRCHHEIMER, O. [I939], *Punishment and Social Structure*. New York: Columbia University Press. Texto apresentado e estabelecido por LEVY,

R.; ZANDER, H., *Peine et structure sociale: histoire et théorie critique du régime pénal*. Paris: Cerf, 1994.

SARTRE, J.-P. [1966], Jean-Paul Sartre répond. *L'Arc*, nº 30, p. 87-96. Retomado em ARTIÈRES, P.; BERT, J.-F.; CHEVALIER, P. *et al.*, *Les Mots et les choses de Michel Foucault*. Caen: PUC/IMEC, 2010.

SAWICKI, J. [1991], *Disciplining Foucault: Feminism, Power and the Body*. New York: Routledge Press.

SCULL, A. [2006], *Madhouse. A Tragic Tale of Megalomania and Modern Medecine*. New Haven: Yale University Press.

SENNELART, M. [1995], *Les Arts de gouverner*. Paris: Seuil.

SHERIDAN, A. [1985], *Discours, sexualité, et pouvoir: initiation à Michel Foucault*. Bruxelas: Mardaga.

SKRABANEK, P. [1995], *La Fin de la médecine à visage humain*. Paris: Odile Jacob.

SMITH, D. [1999], *The Civilizing Process* and *The History of Sexuality*: Comparing Elias and Foucault. *Theory and Society*, vol. 28.

SWAIN, G.; GAUCHET, M. [1980], *La Pratique de l'esprit humain*. Paris: Gallimard, 2008, com novo prefácio de M. Gauchet.

SZAKOLACZAI, A. [1998], *Max Weber and Michel Foucault: Parallel Life-Works*. New York: Routledge.

VAN KRIEKEN, R. [1990], The Organisation of the Soul: Elias and Foucault on Discipline and the Self. *Archives européennes de sociologie*, vol. 31, nº 2.

VEYNE, P. [1995], *Le Quotidien et l'intéressant*. Paris: Pluriel.

____. [2001], Un archéologue sceptique, *in*: ERIBON D. (org.), *L'Infréquentable Michel Foucault. Renouveaux de la pensée critique*. Paris: EPEL.

ZOLA E. [1972], Medecine as an Institution of Social Control. *Sociological Review*, vol. 20, p. 487-504.

ZYSBERG, A. [1976], Pierre Deyon, *Le Temps des prisons*.

Essai sur l'histoire de la délinquance et les origines du système pénitentiaire et Michel Foucault, *Surveiller et punir. Naissance de la prison. Annales ESC*, vol. 31, nº 1, p. 168-173. Retomado em ARTIÈRES P., BERT J.-F., CHEVALIER P. *et al.*, *Surveiller et punir de Michel Foucault*. Caen: PUC/IMEC, 2010.

Principais coletâneas a respeito de Michel Foucault

[1986], *Le Débat*, Michel Foucault, nº 41, septembre--novembre.

[1986], *Critique*, Michel Foucault du monde entier, nº 471-472.

[1989], Michel Foucault philosophe, rencontre internationale de Paris, 9-11 de janeiro de 1988, Paris: Seuil.

[1992]; GIARD, L. (org.), *Michel Foucault. Lire l'œuvre*. Grenoble: Million.

[1994], *Sciences humaines*, Comprendre Michel Foucault, nº 44.

[1995], *Sociétés et représentations*, Michel Foucault, *Surveiller et punir vingt ans aprés*, nº 3.

[1997], FRANCHE, D.; PROKHORIS, S.; ROUSSEL, Y. (orgs.), *Au risque de Foucault*. Paris: Editions du Centre Pornpidou.

[2001], ERIBON, D. (org.), *L'Infréquentable Michel Foucault. Renouveaux de la pensée critique.*: Paris: EPEL.

[2004], BERT, J.-F. (org.), *Michel Foucault, usages et actualités*. Metz/Strasbourg: Le Portique.

[2006], *Sociologie et sociétés*, Michel Foucault: sociologue?, vol. XXXVIII.

[2011], ARTIÈRES, P.; BERT, J.-F.; GROS, F. (org.), *Michel*

Foucault. Paris: Cahiers de l'Herne.

Fontes on-line

<http://portail-michel-foucault.org>
<http://foucault.info>

Marcos cronológicos

Ano	Publicações	Engajamento político e social	Vida institucional
1926			(Nascimento em 15 de outubro)
1945			Entra no 2° ano preparatório para o liceu Henry-IV
1946			É admitido na École Normale Supérieure [ENS]
1950		Adere ao PC francês até 1951	Se aproxima de Louis Althusser (julho)
1951			Recebido na agregação de filosofia Repetidor de psicologia na ENS
1954	*Doença mental e personalidade* (abril)		Assistente de psicologia em Lille
1955			Vai para Uppsala por indicação de Georges Dumézil
1958			Vai de Uppsala para Varsóvia
1959			Vai de Varsóvia para Hamburgo [Instituto Francês]
1960			Eleito para a Universidade de Clermont-Ferrand para uma cadeira de psicologia

1961			Defesa de duas teses: a tradução de *A antropologia* de Kant e *Loucura e desrazão*
1962	*Doença mental e psicologia*		
1963	*Nascimento da clínica* (abril) *Raymond Roussel* (maio)		
1964	Tese menor constituída de sua "tradução, introdução e notas" da *Antropologia do ponto de vista pragmático* de Kant (Vrin)		Convive com Gilles Deleuze e Pierre Klossowski
1965			Participa da Comissão Fouché sobre a reforma universitária
1966	*As palavras e as coisas* (abril)		Instala-se em Túnis, onde assume uma cadeira de filosofia. Trabalha com Gilles Deleuze na edição completa das obras de Nietzsche
1967	Lançamento na Grã-Bretanha da *História da loucura*, prefaciada por David Cooper		
1968		Participa de uma manifestação estudantil em Túnis	
1969	*A arqueologia do saber* (março)		Inauguração efetiva da Universidade de Vincennes. Nomeado professor de filosofia
1970			Aula inaugural no Collège de France (dezembro)
1971		Criação do Grupo Informação Prisão (fevereiro)	

1972	Reedição na "Bibliothèque des Histoires" da Gallimard da *História da loucura*		
1973	*Eu, Pierre Riviére, que degolei minha mãe, minha irmã e meu irmão* (setembro)	Vai à LIP (julho)	
1975	*Vigiar e punir* (fevereiro)	Intervém contra o regime de Franco na Espanha com Simone Signoret, Yves Montand e Jean Daniel	Vai pela primeira vez a Berkeley
1976	*A vontade de saber* (dezembro)		
1977		Abaixo-assinado com o antipsiquiatra Cooper contra as internações na União Soviética. Assiste ao fórum da segunda esquerda. Caso Klaus Kroissant	
1978	*Herculine Barbin* (maio)	Viaja duas vezes ao Irã para fazer uma "reportagem de opinião" para o *Corriere della Sera*	
1979		Escreve para o primeiro jornal homossexual francês, *Le Gai Pied*. Entrevista coletiva com Bernard Kouchmer e Raymond Aron sobre os *boat people*.	Titular em Stanford das *Tanners Lectures* sob o título *Omnes et singulatim*

1980			Anima um seminário com Richard Senett na Universidade de New York
1981		Caso da Polônia. Com Pierre Bourdieu, convoca a protestar contra o estado de guerra instaurado pelo coronel Jaruzelski	Faz a conferência "Mal fazer, dizer verdadeiro" na Universidade Católica de Louvain no quadro da cátedra Franqui
1982	*A desordem das famílias*, com a historiadora Arlette Farge (outubro)		
1983			Encontro com Jürgen Habermas, convidado por Paul Veyne a vir a Paris
1984	*O uso dos prazeres* e *O Cuidado de si* (maio)		(Falece no dia 25 de junho)

N.B.: Daniel Defert redigiu uma biocronologia exaustiva como introdução ao primeiro tomo dos *Ditos e escritos*.

Índice de nomes e assuntos

ESTA OBRA FOI COMPOSTA EM CHAPARRAL PRO, CORPO 12,5/17 E IMPRESSA PELA GRÁFICA PAYM EM PAPEL OFF-WHITE PARA A PARÁBOLA EDITORIAL EM JULHO DE 2013.